领导力

中国共产党的成功密码

颜晓峰/主编

人民东方出版传媒
People's Oriental Publishing & Media
東方出版社
The Oriental Press

图书在版编目（CIP）数据

领导力：中国共产党的成功密码 / 颜晓峰主编 .
-- 北京：东方出版社，2024. 8.
ISBN 978-7-5207-3989-4

Ⅰ . D25

中国国家版本馆 CIP 数据核字第 2024HC1702 号

领导力：中国共产党的成功密码
（LINGDAOLI：ZHONGGUO GONGCHANDANG DE CHENGGONG MIMA）

主　　编： 颜晓峰
责任编辑： 张永生
责任审校： 曾庆全
出　　版： 东方出版社
发　　行： 人民东方出版传媒有限公司
地　　址： 北京市东城区朝阳门内大街 166 号
邮　　编： 100010
印　　刷： 三河市中晟雅豪印务有限公司
版　　次： 2024 年 8 月第 1 版
印　　次： 2024 年 8 月北京第 1 次印刷
开　　本： 710 毫米 ×1000 毫米　1/16
印　　张： 18
字　　数： 214 千字
书　　号： ISBN 978-7-5207-3989-4
定　　价： 68.00 元
发行电话：（010）85924663　85924644　85924641

目 录

第 3 章 统筹“两个大局”对党的领导力提出新的更高要求

第 4 章 增强政治领导力，总揽全局、协调各方

第 5 章 增强思想引领力，理论武装、统一思想

第 6 章　增强制度建设力，改革创新、完善发展

第 7 章　增强国家治理能力，依法治国、现代化治理

第 8 章　增强群众组织力，依靠人民、服务人民

第 9 章　增强社会号召力，凝聚人心、汇聚力量

第10章 增强应对风险能力，转危为机、占据主动

第11章 增强开创未来能力，擘画蓝图、实现复兴

第12章 在党的坚强领导下全面建成社会主义现代化强国

第1章

领导力是中国共产党的成功密码

在中华人民共和国成立前，毛泽东给在南方工作的党的一大代表李达暗语致信：吾兄系本公司发起人之一，现公司生意兴隆，盼兄速来参与经营。毛泽东在信中提到的这个“公司”就是中国共产党。1921年，中国共产党由50多名党员起步，走过100多年风雨历程，领导中国人民创造了举世瞩目的辉煌成就。一个政党，究竟凭借什么干出如此改天换地、翻天覆地的辉煌丰功伟业？回溯历史，反思兴衰，探寻奥秘，中国共产党的领导力让国内外无数学者和政要好奇着迷！揭开谜底，强大的领导力是中国共产党获得成功的重要密码。中国共产党是中国特色社会主义事业的领导核心，中国共产党领导是中国特色社会主义最本质的特征和中国特色社会主义制度的最大优势。研究中国共产党的领导力，锻造党的强大领导力，对于回答“中国共产党为什么能”，对于新时代新征程统揽伟大斗争、伟大工程、伟大事业、伟大梦想，实现社会主义现代化和中华民族伟大复兴具有决定性的意义。

一

党的领导力铸就民族复兴伟业之基

领导力是一个政党的核心能力和竞争力，关系着一个政党的生死存亡、兴衰成败。强大的领导力是中国共产党走向成功的鲜亮“品牌”，源于中国共产党的优秀“品质”。中国共产党风雨兼程、波澜壮阔的100多年历程，就是不断锻造领导力、增强领导力的过程。中国共产党的卓越领导力，对党的发展壮大、对党和国家事业发展具有决定性的意义。

（一）保证党的领导落实落地

作为以执掌国家政权为本质存在和生命所系的政治力量，政党的领导力是保证实现其政治路线的核心能力，这种领导力本质上是一种由政治地位、宗旨使命所决定的政治保证能力。“党政军民学，东西南北中，党是领导一切的，是最高的政治领导力量。中国共产党是执政党，党的领导是做好党和国家各项工作的根本保证，是我国政治稳定、经济发展、民族团结、社会稳定的根本点”。这一论述表明中国共产党在党和国家组织体系、政治生活中居于根本的领导地位。“领导力量”并不等于“领导力”，前者是地位作用，后者是实际的领导效能和力量效果。把“领导力量”转化为实际的能力和效能，确保党的最高政治领导力量地位作用的实现，需要不断锻造领导力。

领导力的强弱直接关系党的执政能力和领导水平。领导力越强，意味着贯彻落实党的路线方针政策的组织力、执行力也越强；领导力弱，表明党缺少权威，现实中意志不坚、政令不通、号令难行就是领导力弱的突出表现。领导力弱，再好的蓝图得不到执行也只是一张图纸。可见，强大的领导力是党的领导落实落地的根本保证。

各级党组织和领导干部的领导力确保党的领导落实落地。政党的根本力量在于党组织的力量和党员干部的力量，政党领导力的作用发挥取决于各级党组织的组织力和广大党员干部在组织领导下的行动力。中国共产党的领导力，既指党的各级组织和广大党员干部的领导力，也指党作为一个先锋队组织在整个国家政治系统和治理体系中的影响力与带动力，二者相互联系、相互作用、辩证统一。政治组织的整体能力、党员干部的个体能力，都对贯彻党的意志主张、落实党的路线方针政策具有决定性、保证性的意义。

惩治腐败体现了中国共产党的强大领导力。腐败像毒瘤一样困扰着世界各国政党，铲除腐败毒瘤让当今世界很多国家的执政党都感到心有余而力不足。致力于保持先进性、纯洁性和强大战斗力、领导力的中国共产党，与腐败现象作着坚决顽强持久的斗争。党的二十大报告指出："腐败是危害党的生命力和战斗力的最大毒瘤，反腐败是最彻底的自我革命。"在中国革命、建设和改革的历史进程中，中国共产党始终与腐败现象作着水火不容的坚决斗争。新民主主义革命时期，早在1926年党就发布了中共历史上第一部反腐败文献《中共中央扩大会议通告——坚决清洗贪污腐化分子》；1929年的古田会议决议分析了一些消极腐败现象。毛泽东等老一辈革命家和共产党人坚决惩治腐败分子。1932年5月，经过审判，毛泽东下令枪毙私吞地主财产的谢步升；1934年1月，毛泽东下令枪毙贪污 2000 余元的唐达仁；1934 年 2 月，毛泽东下令枪毙贪污 246.7 元的左祥云；1941 年，毛泽东拒绝求情，贪污 3050 元的“战斗英雄”肖玉璧被执行枪决。新中国成立后，党迅疾领导开展了“三反”“五反”运动；1952 年 1 月，政务院人民监察委员会发布《关于反贪污、反浪费、反官僚主义斗争的指示》；1952 年 2 月 10 日，贪污堕落的刘青山、张子善被枪毙；1952 年 4 月，出台《中华人民共和国惩治贪污条例》……党的十八大以来，中国共产党以对党和人民高度负责的担当精神，以“打铁必须自身硬”的政治自觉，以锻造更加坚强有力的马克思主义政党的自我革命精神，以抓铁有痕、踏石留印的坚强决心惩治腐败、正风肃纪，反腐败斗争取得压倒性胜利并全面巩固。在反腐败斗争中，以习近平同志为核心的党中央坚持“无禁区、全覆盖、零容忍”的原则，既以雷霆霹雳手段“打虎”“拍蝇”“猎狐”，又坚持一体推进不敢腐、不能腐、不想腐，反腐败斗争成果显著，党的战斗力、领导力在革命性锻造中显著增强。党的十八大以来，截至 2022 年 10 月，全国纪检监察机关共立案 464.8 万余件，其中立案审查调查中管干部 553 人，处分厅局级干部 2.5 万多人、县处级干部 18.2 万多人。这些成绩的取得既离不开中国共产党坚强有力的领导，又佐证了中国共产党的强大领导力。

有人曾断言，反腐败会亡党，不反腐败会亡国。历史和实践证明，反腐败没有也不可能出现所谓的“亡党”，反腐败反而增强了党的战斗力和领导力。2014 年 11 月在北京召开的亚太经合组织（APEC）第二十六届部长级会议通过了由中国主导起草的《北京反腐败宣言》，为解决全球腐败问题贡献了中国智慧、中国方案，引起了国际社会的广泛好评。许多国际政要无不对中国共产党表示钦佩，不禁对中国共产党刮目相看，赞叹中国共产党超强的国际领导力。

（二）推动党和国家事业不断发展

在政党政治中，政党领导力本质上是一种引领和推动政党事业发展的能力和力量。中国共产党领导开展的革命、建设、改革是开天辟地、翻天覆地的伟大事业。伟大的事业，离不开伟大的党领导；伟大的党，是具有强大领导力并能够不断推动党和国家事业向前发展的先进组织。党的领导力不是抽象的，而是历史的、具体的、实践的。中国共产党是按照民主集中制根本原则组建起来的马克思主义政党，党的领导力集中体现在党的领导核心和领导权威上。形成坚强有力的领导核心是马克思主义政党走向成熟强大的标志。坚强的领导核心产生强大的领导力，强大的领导力对党和国家事业健康顺利发展具有根本性、决定性的意义。中国近代以来的历史表明，在中华民族从站起来、富起来到强起来的历史进程中，正是由于中国共产党致力于建设坚强团结的领导集体，锻造党的强大领导力，才确保了中国革命、建设、改革事业的正确政治方向，确保了党的正确路线、方针、政策的坚决贯彻落实。同时，历史以血的教训警示，如果不能形成坚强正确有力的领导核心或者说党的领导缺乏权威和力量，必将给党和国家事业带来严重损害。建党初期，由于党没有形成成熟坚强的领导核心，党的领导力比较弱，因此中国革命事业遭受了右的或“左”的严重挫折。邓小平深刻指出：“遵义会议以前，我们的党没有形成过一个成熟的党中央。从陈独秀、瞿秋白、向忠发、李立三到王明，都没有形成过有能力的党中央。”遵义会议后，正是因为中国共产党开始形成以毛泽东同志为核心的坚强正确有力的党中央领导集体，中国革命事业才转危为安，面貌才焕然一新。改革开放和社会主义现代化建设新时期，正因为有以邓小平同志为主要代表的中国共产党人的坚强有力领导，正是因为邓小平在苏联解体、东欧剧变的世界社会主义挫折大背景下反复强调坚持中国共产党的领导和坚决维护党中央权威，中国共产党才没有犯苏共那样的严重错误，才能够战胜国内外风险挑战，为新时期中国特色社会主义事业的开创发展提供了坚强有力保证。从建党 100 多年的沧桑巨变，特别是从历史转折时期的转危为安、关键时期的正确抉择不难得出结论：注重建设坚强正确有力的党中央领导核心、锻造马克思主义政党的强大领导力是中国共产党团结带领人民不断胜利前进的成功密码。

中国共产党成立 100 多年来特别是新中国成立 70 多年来，党团结带领全国各族人民披荆斩棘、风雨兼程，创造了世所罕见的经济快速发展奇迹和社会长期稳定奇迹。从一穷二白，到世界第二大经济体；从连火柴、煤油都要进口，到拥有联合国产业分类目录中全部工业门类的制造业第一大国；从“两弹一星”、南京长江大桥、载人航天工程，到高速铁路、北斗组网、“蛟龙”入海、“天眼”巡空、港珠澳大桥和北京大兴国际机场等超级工程；从百业萧条，到活跃着上亿的市场主体，货物贸易第一大国、商品消费第二大国、外资流入第二大国、外汇储备第一大国；从民不聊生，到 7 亿多农村人口脱贫；从饱受西方列强欺凌，到携手各国共建“一带一路”、推动构建人类命运共同体，日益走近世界舞台中央……党的十八大以来，全国 832 个贫困县全部摘帽，近一亿农村贫困人口实现脱贫，960 多万贫困人口实现易地搬迁，历史性地解决了绝对贫困问题。千百年来困扰中华民族的绝对贫困历史性地画上句号，建成覆盖十几亿人的世界上规模最大的社会保障体系、教育体系、医疗卫生体系，人均预期寿命增长到78.2岁，居民人均可支配收入从2012年的16500元增加到2023年的39218元。事实胜于雄辩，从党和国家事业发展取得的伟大成就，从党领导中国人民取得的令世界刮目相看的中国奇迹，从一个个感人至深的中国故事、中国共产党的故事，从中国共产党100多年沧桑巨变的历史逻辑、现实逻辑等，不难得出结论：强大的领导力，是中国共产党团结带领人民夺取一个又一个胜利、创造一个又一个奇迹，不断推进伟大事业向前发展的制胜密码和根本保证。

（三）增强党的组织战斗力

政党的领导力源于政党的组织战斗力。中国共产党是以马克思列宁主义为指导的无产阶级的先进组织和先锋队。马克思主义创始人马克思、恩格斯在《共产党宣言》中以对比的方式指出了马克思主义政党的先进性，“在实践方面，共产党人是各国工人政党中最坚决的、始终起推动作用的部分；在理论方面，他们胜过其余无产阶级群众的地方在于他们了解无产阶级运动的条件、进程和一般结果”。中国共产党是中国特色社会主义事业的领导核心。党的领导坚强有力，党的组织战斗力就强；党的领导涣散软弱，党的组织战斗力就弱。中国共产党高度重视提升领导力、锻造领导力，党的领导力在中国革命、建设、改革的实践中，在一系列的学习、教育、斗争中不断增强，由此党的组织战斗力不断提升。兵不在多而在于“精”与“强”。一个政党是否强大，不在于规模大小和资源多寡，根本的在于其组织的领导力强弱。强大的领导力催生影响力、形成凝聚力，进而孕育、激发强大的组织战斗力。习近平总书记指出：“党的力量来自组织。”中国共产党100多年的奋斗史证明党是具有强大战斗力的先进组织，它的理论先进性、实践先锋性、严密组织性、严明纪律性等使党的强大领导力能够形成强大的组织战斗力。

无产阶级先进政党的强大领导力体现在实践上发挥模范带头作用的先锋性和理论上建筑于科学世界观方法论基础上的先进性，领导力本质上是先进阶级、先进组织、科学理论的战斗力。中国共产党的强大领导力，源自政治上的坚定正确，思想上的先进科学，行动上的带头示范，作风纪律上的优良严明。抗日战争时期，中国共产党及其领导的八路军、新四军虽然在武器装备等方面远比不上国民党正规军，却当之无愧地成为这场伟大战争的中流砥柱。1937 年 6 月，毛泽东在延安的凤凰山窑洞会见美国客人时指出，领导权并不依赖于力量的大小，而要看领导者的纲领和所做的努力。抗日战争中，中国共产党的强大领导力集中体现在提出抗日民族统一战线并实行了正确的政治纲领和军事战略策略，实施了坚定正确的政治领导、思想领导、群众领导、社会领导，成为全国人民抵御日本侵略的主心骨。在中国共产党领导下，在抗日民族统一战线旗帜下，中国共产党调动一切积极因素、动员一切可以动员的力量，形成了置敌人于人民战争汪洋大海的磅礴力量，汇聚起战胜日本帝国主义的强大战斗力。可以说，在各种政治力量复杂博弈斗争的大棋盘上，中国共产党的政治领导力堪称典范，它使中国共产党成为中国人民抗日战争当之无愧的领导核心与中流砥柱，而这种强大领导力的根源和体现就是强大的组织战斗力。从党的一大到党的二十大，中国共产党从弱小走向强大、从胜利走向新的胜利的关键就在于，党作为领导者、组织者、推动者，始终重视用崇高的理想、铁的纪律、优良的作风凝聚组织力量，发展组织体系，释放组织功能，使党的组织成为一个牢不可破的信仰共同体和坚不可摧的战斗集体；同时，使党的成员和党密切联系的人民群众有效地纳入融入组织体系，使党的成员和人民群众思想上认同组织、政治上依靠组织、工作上服从组织、感情上信赖组织，从而形成无比强大的组织战斗力。

（四）应对前进道路上的风险挑战

政党的领导力不仅是一种指导和引领方向的能力，而且是一种预见风险、战胜困难的能力，这种能力本质上是忧患意识、斗争精神、责任担当的体现。辩证法表明，政党领导力的提升与政党应对战胜风险挑战的能力是相辅相成的。在现代领导科学中，“领导力十律”的第一律就是承担责任。近代以来，在实现中华民族伟大复兴的历史进程中，中国共产党和中华民族遇到了无数风险挑战、困难挫折、逆境绝境。苦难孕育辉煌，风险挑战考验领导能力。

战胜前进道路上的风险挑战考验着党的领导力。近代以来，在实现中华民族伟大复兴的历史进程中，中国共产党和中华民族经历无数风险挑战和挫折总能战而胜之，关键就在于坚持和改善党的领导，就在于不断提升和锻造党的领导力。抗美援朝战争是新中国成立后面临的立国之战。然而这是一场在交战双方力量极其悬殊、两国国力相差巨大的条件下进行的现代化战争。在极不对称、极为艰难的情况下，党中央作出抗美援朝、保家卫国的历史性决策，派遣志愿军出国作战是冒着极大风险挑战的艰难抉择。抗美援朝战争的伟大胜利是中华民族走向伟大复兴的重要里程碑，充分展现了以毛泽东同志为主要代表的中国共产党人的战略领导力。新时代以习近平同志为核心的党中央将精准脱贫作为新时代的三大攻坚战之一。2013 年，习近平总书记首次提出“精准扶贫”重要理念，作出“实事求是、因地制宜、分类指导、精准扶贫”重要指示；2015 年，在中央扶贫开发工作会议上，习近平总书记提出实现脱贫攻坚目标的总体要求，实行扶持对象、项目安排、资金使用、措施到户、因村派人、脱贫成效“六个精准”，实行发展生产、易地搬迁、生态补偿、发展教育、社会保障兜底“五个一批”，发出打赢脱贫攻坚战的总攻令。经过全党全国各族人民共同努力，2021 年 2 月 25 日，习近平总书记在全国脱贫攻坚总结表彰大会上向世界庄严宣告：我国脱贫攻坚战取得了全面胜利，现行标准下 9899 万农村贫困人口全部脱贫，832 个贫困县全部摘帽，12.8 万个贫困村全部出列，区域性整体贫困得到解决，完成了消除绝对贫困的艰巨任务。这标志着我们党在团结带领人民创造美好生活、实现共同富裕的道路上迈出了坚实的一大步。

伟大的事业从来不是轻轻松松、敲锣打鼓就能实现的。在中国革命、建设、改革的历史进程中，在实现中华民族伟大复兴梦想征程上，始终充满暗礁与险滩，锻造强大的领导力是应对前进道路上风险挑战的现实课题。在前进道路上，中国共产党善于从战略和全局出发，以强烈的忧患意识、顽强的斗争精神、未雨绸缪的应对策略、敢于斗争的勇气、善于斗争的智慧，战胜种种风险挑战。这使党的 100 多年历史既是一个锻造党的领导力以肩负起历史使命的过程，也是战胜前进道路上各种风险挑战的过程。这也证明中国共产党强大的领导力是党团结带领人民战胜前进道路上风险挑战的可靠保证。

（五）带领全体人民团结奋斗

领导力是一种将愿景转化为现实的能力。马克思主义政党学说认为，无产阶级政党的领导力是一种团结带领人民共同奋斗，将发展愿景转化为现实成就的能力。马克思主义认为，无产阶级政党的使命、事业和人民群众的根本利益是一致的，马克思主义政党必须依靠人民、联系人民、服务人民，团结带领人民群众一道前进，为了党和国家的事业共同奋斗。中国共产党的强大领导力，就体现在号召、吸引、凝聚全党全国各族人民为全面建设社会主义现代化国家、全面推进中华民族伟大复兴而团结奋斗的能力上。锻造党的强大领导力，有助于增强党团结带领人民团结奋斗的能力和力量。

马克思主义唯物史观认为，人民群众是历史的创造者，但是人民群众创造历史离不开先进政治力量特别是先进政党的领导，否则就是一盘散沙。团结带领人民共同奋斗既是政党领导力的实际体现，也是政党领导力的意义所在。社会发展是偶然与必然的统一，历史发展是无数“合力”相互作用的结果。能够在偶然中把握必然，整合无数相互交错的力量而形成“合力”，就是领导力的体现。近代以来，帝国主义列强入侵使中华民族面临亡国灭种的危险，中国一步步沦为半殖民地半封建社会。为探寻救亡图存的真理、道路，中国社会各阶级各阶层的先进分子纷纷进行了探索奋斗，但都相继失败。中国共产党自诞生以来，团结领导中国人民牺牲奋斗、艰苦奋斗、接续奋斗，夺取了新民主主义革命伟大胜利，完成和推进社会主义革命和建设，开创改革开放和社会主义现代化建设新局面，开创中国特色社会主义新时代，迎来了实现中华民族伟大复兴的光明前景。历史表明，实现中华民族伟大复兴这一近代以来中华民族最伟大的梦想，根本上靠的就是中国共产党团结带领人民共同奋斗，“团结奋斗是中国人民创造历史伟业的必由之路”。团结带领人民共同奋斗是中国共产党具有强大领导力的力量源泉、力量之本，党的强大领导力是中国共产党能够团结带领人民群众共同奋斗的力量保证、力量体现。历史证明，只有中国共产党才能为灾难深重的中华民族指出光明道路，才能真正团结带领人民完成“争取民族独立、人民解放”和“实现国家富强、人民幸福”的历史任务。这一历史任务的完成，也集中体现了中国共产党高超的领导艺术和强大的领导力。

“行百里者半九十。”今天，我们比历史上任何时候都更接近实现中华民族伟大复兴的目标。“看似寻常最奇崛，成如容易却艰辛。”实现中华民族伟大复兴的中国梦，需要进一步锻造增强党的领导力，这是新时代新征程党的领导力的重大现实课题。新时代新征程肩负起全面建成社会主义现代化强国、实现第二个百年奋斗目标，以中国式现代化全面推进中华民族伟大复兴的中心任务和时代使命，中国共产党必须坚持将党的阶级性和人民性、党的领导力量和人民群众的依靠力量、党的领导和人民群众的支持、为了人民和依靠人民、党的主张和人民的意志、党的奋斗目标和人民群众的期望诉求统一起来、结合起来，不断加强政治领导力、思想引领力、群众组织力、社会号召力等党的领导力建设，从而将人民群众凝聚在党的旗帜之下团结奋斗，如期实现新时代新征程党的既定奋斗目标。

二

党具有坚强无比的领导力

探寻中国共产党的领导力奥秘，锻造党的强大领导力，重要前提是厘清领导力的科学内涵及其构成。综合学术界观点，我们认为中国共产党的领导力是对党和国家各类组织、人民事业主动施加影响而产生的能力和正向效力，是党的领导能力和执政水平的重要组成部分，是党的力量和实力的无形体现，是党的重要软实力与核心竞争力，是党的执政地位和政治权力的影响力、党的组织的凝聚力战斗力、党的思想的引领力、党的行动的号召力、党员干部的示范力、党同群众密切联系的互动力等以及党的权力因素和非权力因素共同作用的总和。党的领导力，在主体构成上包括组织领导力和个体领导力，在内涵构成上包括政治领导力、思想引领力、群众组织力、社会号召力、制度建设力、开创未来力等方面。

（一）政治领导力

作为政治组织，政党的领导力首要的就是政治领导力。政治领导力就是政党为了实现政党目标而组织、动员党内外各种资源的能力，是政党领导力的统领，是政党的核心能力。中国共产党的政治领导力是为中国人民谋幸福、为中华民族谋复兴，领导和推进中国革命、建设、改革事业的能力。它具体包括把准政治方向、坚定正确道路、夯实政治根基、永葆政治本色、涵养政治生态、保持政治定力、驾驭政治局面、防范政治风险等方面。政治领导力是党的十九大报告首次提出的，在马克思主义政党领导力体系中地位极高。“政治是统帅，是灵魂。”在党的领导力体系中，政治领导力领航掌舵，统管政治立场、政治方向、政治道路、政治原则、政治决策、政治建设等带有根本性、方向性、原则性的方面，因此具有“发动机”“定盘星”的地位和作用。理解党的政治领导力要把握以下“五点”要义：党的政治领导力的切入点是党领导的事业，关键点是坚定执行党的政治路线，着眼点是党的奋斗目标，着力点是抓好党的领导干部队伍建设，落脚点是人民对美好生活的向往。政治领导力是具体的而不是抽象的，是全面的而不是片面的。不同时期党中央制定的路线方针政策、各级领导干部在治国理政各领域以及工作岗位中坚决贯彻落实党中央的决策部署等都属于政治领导力的范畴，是我们党具有坚强政治领导力的体现。

（二）思想引领力

思想领导是政党开展执政活动的重要内容和基本途径。“掌握思想领导是掌握一切领导的第一位。”中国共产党的思想引领力是以马克思列宁主义、毛泽东思想、邓小平理论、“三个代表”重要思想、科学发展观、习近平新时代中国特色社会主义思想教育和武装广大党员群众，宣传党的路线方针政策，实现理论掌握群众和群众掌握理论，最终把党的意志主张变成群众的自觉行动的能力，发挥着统一思想、凝聚力量、振奋精神、鼓舞斗志等重要作用。毛泽东指出：“掌握思想教育，是团结全党进行伟大政治斗争的中心环节。如果这个任务不解决，党的一切政治任务是不能完成的。”在党的领导力体系中，思想引领力是“灯塔”，具有精神引领和精神支柱的地位作用。中国共产党具有思想建党、理论强党的优势，具有强大的思想引领力。中国共产党的思想引领力，有不同于其他政治力量的特性：一是党的活动主体具有阶级的先进性；二是党的思想理论具有揭示规律的科学性；三是党的活动目的具有服务人民的价值性；四是党的思想引领具有解放思想与统一思想、理论创新与理论武装、真理性与人格性、创新性与实践性的辩证统一性。思想走在行动之前，就像闪电走在雷鸣之前一样。在中国革命、建设、改革的历史进程和伟大事业中，中国共产党注重在坚守理想信念中建强思想“主心骨”，在推进实践创新和理论创新中把准时代“方向盘”，在强化理论武装中凝聚价值“公约数”，发挥了思想引领力的独特且强大的作用。以习近平同志为核心的党中央对中央重要会议精神如党的全国代表大会以及各次中央全会精神的宣传学习，关于党的创新理论的学习武装，对社会主义意识形态的强调与部署，对社会主义核心价值观的宣传教育，组织开展的诸如党史学习教育、学习贯彻习近平新时代中国特色社会主义思想主题教育、党纪学习教育等，都是加强党的思想引领力的重要体现。

（三）制度建设力

在现代政治中，政党的活动以及对国家的治理与建设，既是通过制度来实现的，也推动着制度建设的发展。中国共产党的制度建设力是从党与中国特色社会主义事业的关系角度出发推进党和国家制度体系建设的能力，这种领导力集中彰显着中国特色社会主义制度的优越性和党的领导的政治优势。中国特色社会主义制度优势的实现和优越性的体现，实质上也是党的制度建设力的体现。中国共产党的领导力，从党的领导与社会主义制度的内在关系角度讲，就是中国特色社会主义制度的建设力、运行力。建设好、运行好这个制度和提升中国共产党的领导力，是同一个问题的两个方面。或者说，中国特色社会主义制度的建设力、运行力就是中国共产党的领导力。制度建设得好、运行得好，执政党的领导力就强，反之执政党的领导力就弱或差。制度的生命力在于执行，关键在于创新。从制度学、治理学的角度来讲，党的制度建设力既指在党的领导下推进中国特色社会主义制度建设的创制能力，也指贯彻落实中国特色社会主义制度的执行力，还指推进中国特色社会主义制度发展的创新力。党的十九届四中全会在党的历史上首次提出着重研究坚持和完善中国特色社会主义制度、推进国家治理体系和治理能力现代化的重大问题，全会把握我国国家制度和国家治理体系的演进方向和规律，突出坚持和完善党的领导制度，突出系统集成、协同高效，既阐明了必须牢牢坚持的重大制度和原则，又部署了推进制度建设的重大任务和举措，坚持根本制度、基本制度、重要制度相衔接，统筹顶层设计和分层对接，统筹制度运行和制度改革，体现了保持发展定力和改革创新的统一、问题导向和目标导向的统一，这些重要的制度建设成果充分彰显了新时代党的制度建设力。制度建设力还体现在对党和国家制度、治理体系进行改革完善的意志和能力。党的二十大报告提出“完善党的自我革命制度规范体系”，强调坚持制度治党、依规治党，以党章为根本，以民主集中制为核心，完善党内法规制度体系，增强党内法规权威性和执行力；健全党统一领导、全面覆盖、权威高效的监督体系，完善权力监督制约机制；推进政治监督具体化、精准化、常态化，发挥政治巡视利剑作用，落实全面从严治党政治责任，用好问责利器；等等。这些依纪依规完善党的自我革命的制度规范体系建设，是党的制度建设力的有力体现，对新时代新征程推进我国社会主义制度完善、提升国家治理体系和治理能力现代化具有基础性、规范性、根本性的保证和支撑作用。

（四）国家治理能力

政党的治理能力是政党领导力的重要内容。执政党必然要肩负起治理国家的责任。党的国家治理能力和制度建设力是相互联系、辩证统一的，是同一事物的不同方面。党的国家治理能力是党的领导力体系的重要构成部分和执政能力的重要体现。中国共产党的国家治理能力就是党作为执政党履行改革发展稳定、内政外交国防、治党治国治军的职责使命，维护国家和社会安全稳定、促进经济社会全面发展进步，以更好地实现人民当家作主和对美好生活向往的能力。党肩负着长期执政的使命，担当着引领国家发展和民族进步的职责，坚持党的领导，只有按照现代化要求进行有效的治国理政，才能让国家变得更加富强、让社会变得更加公平正义、让人民生活得更加美好。党的国家治理能力的内涵是动态发展的，随着党的国家治理实践不断深化、丰富和发展。治理不同于统治、管理。“治大国若烹小鲜”，新时代党的国家治理能力，已经由“传统”走向“现代”，主要依靠中国特色社会主义制度，以科学执政、民主执政、依法执政为目标，以法治、民主、市场、行政、道德、文化、科技等多元方式，综合运用系统治理、依法治理、源头治理、综合治理的思维和举措，推进国家治理体系和治理能力现代化，把社会主义制度优势转化为治理效能。在国家治理能力体系中，党的领导是核心，改革创新是动力，科学发展是基础，共建共享是要求，法治是保障，信息科技网络是手段。党的十八大以来，在提升国家治理能力方面，法治的地位作用愈加凸显。党的十八届四中全会就全面依法治国作出决策部署，党的十九届五中全会后，中央召开全面依法治国工作会议并系统阐述习近平法治思想，这些都体现了新时代党的国家治理能力的新趋势新特点。党的十八大以来，在党的领导下推动形成科学立法、严格执法、公正司法、全民守法的格局，强化法治信仰，坚持依法办事，“推进多层次多领域依法治理，提升社会治理法治化水平。发挥领导干部示范带头作用，努力使尊法学法守法用法在全社会蔚然成风”。这些都是党的国家治理能力法治化、现代化的重要体现。国家安全是民族复兴的根基，社会稳定是国家富强的前提，人民幸福安康是党治国理政的目的。新时代新征程，党领导国家治理，必须围绕国家安全、社会稳定、人民幸福安康，努力提升维护国家安全的治理体系和治理能力现代化建设水平，完善预防为主、常态运行、专项整治、应急处理、科技支撑、网络管理的社会治理体系和治理能力提升机制，为建设和谐、文明、平安、幸福的国家和社会提供制度保证和能力支撑。

（五）群众组织力

党的群众组织力是历史唯物主义关于政党和群众关系原理的内在要求，是党的性质宗旨在党的领导建设、治国理政领域的能力要求。组织群众的能力是任何政党执政都必须重视的能力。人民群众是党领导的对象也是党服务的对象，人民群众是党执政的靠山也是党的力量源泉。中国共产党的群众组织力是党依靠、动员、组织、教育、武装人民群众进行伟大斗争、推进伟大事业、实现伟大梦想的能力。党的群众组织力，是马克思主义群众观的实践要求，是党的性质宗旨的重要体现，是党的群众路线的力量凝结，是党和人民群众的良性互动。历史活动是群众的事业。“不组织群众，无产阶级就一事无成。”强大的群众组织力是中国共产党的显著优势，是党一切为了群众，一切依靠群众，从群众中来，到群众中去，密切联系群众的光荣传统和优良作风的体现。群众组织力，本质上体现的是政党、政党的领导干部对人民群众的态度、情感、责任，是政党和人民群众的密切关系、互动关系所释放的力量。群众中蕴含着无穷的力量。然而，群众是否愿意跟着党走、群众是否愿意跟着党干、群众是否愿意为了党而奋斗，这考验着党的群众组织力。历史证明，只要不断提升党的群众组织力，就会释放群众中蕴含的磅礴伟力。正因为如此，陈毅曾感慨地说，淮海战役的胜利，是人民群众用小车推出来的。习近平总书记也指出：“淮海战役胜利是靠老百姓用小车推出来的，渡江战役胜利是靠老百姓用小船划出来的；社会主义革命和建设的成就是人民群众干出来的；改革开放的历史伟剧是亿万人民群众主演的。”因此，增强党的群众组织力，就要健全和完善党动员、联系、组织、服务群众的体制机制，深化工会、共青团、妇联等群团组织改革和建设，有效发挥党的群团组织的力量和作用；就要加强和改进党的基层组织建设，发挥基层组织在组织、宣传、凝聚服务基层群众方面的战斗堡垒作用；就要发挥党员干部的先锋模范作用，持续提高开展群众工作的本领，提高为人民服务的本领，把党的组织动员力与群众中蕴含的伟力活力结合好、开发好。中国共产党成立 100 多年来，新中国成立 70 多年来，中国共产党始终高度重视群众工作，致力于提高党的群众工作能力，党的群众组织力不断增强。随着实践发展和时代变化，新时代党的群众工作、党的群众组织力的内涵与外延发生了拓展与变化。比如，数亿网民的出现，要求我们党既要发扬好、运用好传统的群众工作的好经验、好做法、好作风，又要适应信息网络时代条件的新情况新特点新要求，创新开展群众工作的方法手段，学会走“网络群众路线”，善于依靠信息网络和新媒体开展群众工作。提升各级党组织和党员干部的网络群众组织力，首先，要更新思想观念，认识普通网民也是老百姓，正确看待网民这一特殊群体的意见；其次，善于网络问需、网络问政、网络问计，提升利用网络引导群众的能力；最后，要搭建好运用好手机微信、APP、“互联网 +”、网络短视频等信息网络平台和方法手段，提高组织、宣传、凝聚、服务群众的能力。

（六）社会号召力

号召力是政党所拥有的一种积极影响力、感召力。执政党的社会号召力，主要指依靠政治权威、组织保障和政党领袖、执政团队、执政业绩、自身形象等，通过政治思想、执政理念、价值目标、社会愿景等对社会大众进行教育引导、宣传动员与感召，促使社会大众产生认同感、信任感和归属感，进而自觉响应执政党的号召，追随其思想引领和倡导，振奋精神，协调行动，实现目标任务的能力。中国共产党的社会号召力是党在革命、建设、改革的历史进程和伟大实践中逐步形成的政党影响力、信念感召力，是促使亿万群众跟着党、向着党的向心力和吸引力。社会号召力犹如“助推器”，是党的生命力和精神动力。社会号召力集中体现在将各种社会组织、社会力量吸引、凝聚在党的政治目标和社会远景下共同奋斗的能力。与群众组织力、社会动员力等其他领导力不同，社会号召力是一种依靠、凭借党的政治权威、共同理想、价值理念、执政业绩、意识形态、作风形象等因素使社会组织、社会成员对党形成的认同感、归属感、向心力、追随力，是党的威望、本领和公信力的直接展示。社会号召力的主体是党的组织、党的领袖、党员干部；客体以人为对象，包括普通党员、社会组织、群团组织、人民群众等。社会号召力具有以下几个特点：由党的指导思想和性质宗旨使命等决定的先进性，以人民群众为价值立场、为了人民、依靠人民、服务人民、感召人民的人民性，号召主体和号召客体相互作用、相互吸引的互动性，影响力持续时间较长的稳定性。社会号召力不是空洞的、抽象的，体现在调动社会力量资源、整合社会思想心态、调控社会利益诉求、协调社会矛盾关系、汇聚共同发展的强大合力。社会号召力不是孤立的，它和党的其他领导力如政治领导力、思想引领力、群众组织力等紧密联系、相互作用，共同构成党的领导力体系，发挥党的领导力作用。毛泽东非常重视党对人民群众的感召能力。在党的七大闭幕会上，他曾用愚公移山的寓言故事号召共产党人用坚定不移、排除万难的愚公精神，用共产党人的榜样力量去感动中国的人民大众，夺取中国革命的胜利。1921 年党初创时期只有党员 50 余人，经过 100 多年的不懈奋斗，我们党从小到大，由弱到强。如今，已发展成为拥有 9900 多万名党员、500 多万个基层党组织的世界第一大执政党，彰显了强大的社会感召力。

（七）应对风险能力

社会充满风险，前进道路上充满荆棘、险滩、湍流。风险如影随形，一直贯穿党的革命与执政全过程、各领域。党是在战胜各种风险挑战中成长壮大的，党和国家事业是在应对无数风险挑战中向前发展的。应对风险力是党的领导力的应有之义。应对风险挑战考验着党的领导力，应对风险挑战的能力是党的领导力的重要内容和领导力强弱的重要标志。中国共产党的应对风险能力是指党在革命、建设、改革的历史进程和伟大实践中以科学的思维、方法和手段，预见、防范、驾驭、处置风险的能力。政党的应对风险能力，受客体对象、环境条件、方法手段等综合因素的影响。因此，党的应对风险能力需要进行全面、重点、常态、预防、应急等多方面的建设和提高。

风险是推进伟大事业的“拦路虎”，是实现中华民族伟大复兴的“绊脚石”，更是检验党的执政能力、领导干部领导力的“试金石”。风险具有不确定性，解决起来很棘手、有难度。在前进道路上，面对波谲云诡的国际形势、复杂敏感的周边环境、艰巨繁重的改革发展稳定任务，我们必须始终保持高度警惕，既要高度警惕“黑天鹅”事件，也要防范“灰犀牛”事件。提升党的应对风险能力是一种战略、战役、战术相统一的能力锻造，是要增强斗争精神、增强斗争本领，提高以战略思维、历史思维、辩证思维、创新思维、法治思维、底线思维驾驭风险的能力；各级党组织要完善风险防控机制，建立健全风险研判、风险预警、风险评估、风险防控协同、风险防控责任等机制；领导干部要加强学习研究，全面提高自身能力素质，自觉加强实践锻炼，勇于接受风险磨炼，强化风险意识、忧患意识，以守土有责、守土尽责的使命感，积极主动把防范应对风险做在平时、赢在关键。

（八）开创未来能力

领导学认为，领导者最核心的能力是规划远景目标，同时吸引追随者并以变革的方式推动目标的实现。执政党的领导力，不仅是执行力、行动力、号召力，而且是规划未来、开创未来的能力。中国共产党是团结带领中国人民全面建成社会主义现代化强国、实现中华民族伟大复兴并最终实现共产主义的马克思主义政党，担负着完成历史任务、时代重任、开创未来的神圣使命。卓越的领导力包含着规划愿景、实现愿景的能力。中国共产党的开创未来能力，就是将共产主义远大理想和社会主义共同理想统一起来，着眼长远理想规划、制订落实计划，实现发展愿景和奋斗目标的能力。开创未来能力包括规划、落实、实现三个环节，涉及战略、战役、战术三个相互关联的层面。马克思主义创始人以科学的世界观和方法论对未来社会进行了预测和设想。中国共产党人坚定共产主义远大理想，既“脚踏实地”又“仰望星空”，既描绘宏伟蓝图又规划落实“施工图”。一步步奋斗，一茬茬推进、一棒接着一棒跑，不断开创中华民族伟大复兴的光明前景，就是中国共产党未来开创能力的集中体现。党的 100 多年奋斗史，就是在党的领导下在中国大地上肩负神圣使命不断开创美好未来的历史。新民主主义革命时期，以毛泽东同志为主要代表的中国共产党人团结带领中国人民经过 28 年艰苦卓绝的奋斗，夺取民族民主革命胜利，建立独立、自由、民主的新中国，开创了中华民族的历史新纪元。新中国成立以来的 70 多年，党领导人民在社会主义革命和建设时期、改革开放和社会主义现代化建设新时期、中国特色社会主义新时代的历史进程和伟大实践中接续探索奋斗，持续推进五年规（计）划，不断完善发展规划，进行科学战略擘画，不断开创着党和国家事业的未来。党的二十大提出，“从现在起，中国共产党的中心任务就是团结带领全国各族人民全面建成社会主义现代化强国、实现第二个百年奋斗目标，以中国式现代化全面推进中华民族伟大复兴”，明确了今后 5 年的主要目标任务和到 2035 年我国发展的总体目标。新时代新征程，开创未来的接力棒交到了我们这一代人手里，新时代的共产党人“务必不忘初心、牢记使命，务必谦虚谨慎、艰苦奋斗，务必敢于斗争、善于斗争”；必须既坚定信心又增强忧患意识，着力提升改革创新本领、科学发展本领等执政本领；必须努力增强领导的预见性、前瞻性、系统性，提升战略规划能力，保持战略定力，让美好未来在手中变成现实，实现人民对美好生活的向往。

三

党的领导力的形成机制

政党的领导力不是与生俱来的，也不会从天而降。中国共产党的历史也是自身不断提升、锻造自身领导力的历史。习近平总书记强调，“不断增强党的政治领导力、思想引领力、群众组织力、社会号召力，确保我们党永葆旺盛生命力和强大战斗力”“走过百年奋斗历程的中国共产党在革命性锻造中更加坚强有力，党的政治领导力、思想引领力、群众组织力、社会号召力显著增强”。新时代新征程，增强党的强大领导力，既需要在实践中进行锻造磨炼，也需要从规律上深入探究把握其形成机制。

（一）在理论武装中把握规律

中国共产党是善于学习、重视理论武装的马克思主义政党，依靠学习实现思想建党、理论强党，提升党的领导力，是中国共产党的优良传统、重要优势和成功之道。在理论武装中把握规律是中国共产党领导力生成的重要来源，是新时代新征程提升锻造党的领导力的重要途径。

在理论武装中把握规律提升党的领导力，要注意把握以下三个方面：一是注重加强学习，不断提升学习能力，增强学习本领。学习能力是一个组织对外界变化所具有的自我调适能力，被视为组织的基本生存能力。“中国共产党人依靠学习走到今天，也必然要依靠学习走向未来。”

党的历届中央领导人都对依靠学习提升党的领导力有着诸多重要论述。早在新民主主义革命时期，毛泽东就向全党发出开展“学习竞赛”的号召；提出改造全党的学习，强调通过读书学习实践、不断“进货”来克服“本领恐慌”。社会主义革命和建设时期，毛泽东要求全党不断加强学习、善于重新学习，学习反思社会主义国家的经验教训，学习国外关于经济社会建设的有益经验，在学习中提高领导社会主义国家建设的本领。改革开放和社会主义现代化建设新时期，邓小平强调学习是前进的基础，要造成一种学习理论、学习实际的空气，强调不注意学习思想就容易庸俗化。江泽民向全党发出“讲学习”的号召，强调学习问题关系广大干部自身的进步，关系国家、民族的兴衰和社会主义现代化事业的成败。胡锦涛明确提出了建设马克思主义学习型政党的时代课题和要求。进入中国特色社会主义新时代，习近平总书记强调“依靠学习走向未来”，提出学习是成事之基、为政之要，为全党树立了勤于学习、善于学习的榜样。读过《习近平的七年知青岁月》一书的人一定会对其中的故事印象深刻。党的十九大提出全面增强八种执政本领，其中居第一位的就是“增强学习本领”。新时代新征程，坚持、完善、创新富有成效的学习机制如集体学习、理论学习中心组学习、培训轮训学习、论坛讲坛等，弘扬学习、学习、再学习的精神和作风，坚持在学习中批判借鉴古今中外关于领导力的经验智慧，对提升党的领导力具有重要的促进作用。二是注重提升理论思维和理论素养。习近平总书记指出，年轻干部要胜任领导工作，需要掌握的本领是很多的。最根本的本领是理论素养。理论学习是理论武装的前提，也是领导干部通过学习提升领导力的必修课和基本功。领导干部深化理论武装要抓住提升理论思维的关键和理论修养的根本。“一个民族要走在时代前列，就一刻不能没有理论思维，一刻不能没有思想指引。”辩证唯物主义和历史唯物主义是中国共产党人的世界观和方法论，是共产党人认识世界、改造世界的思想武器。提升理论思维和理论修养的关键是学习掌握马克思主义这个看家本领、学习掌握辩证唯物主义和历史唯物主义的基本原理、学习掌握习近平新时代中国特色社会主义思想的世界观方法论以及贯穿其中的立场观点方法。“理论只要彻底，就能说服人。所谓彻底，就是抓住事物的根本。但人的根本就是人本身。”提升理论思维、深化理论武装，就要抓住人这个“根本”，不能见“物”不见“人”。三是学以致用、知行合一。不能借口工作太忙，放松学习，不能为了装点门面，应付学习。学习是为了运用应用，理论武装必须坚持学以致用、知行合一。理论联系实际是中国共产党人的优良学风和作风。在理论武装中提升党的领导力，就要把理论联系实际、切实改进学风作为重点，把向书本学习、向实践学习、向群众学习、向专家学习结合起来，坚持问题导向、学以致用，从而把理论学习转化为“物质”力量、把学习成效转化为领导发展的思路举措。

（二）在领导实践中磨炼检验

领导活动是一种实践活动，领导力本质上是一种用科学的理论和思维认识世界、改造世界的实践能力。锻造提升党的领导力，根本的是要在领导实践活动中进行磨炼和加以检验。一要牢固树立马克思主义实践观。实践是提升干部领导力的“练兵场”“磨刀石”，是检验领导力的“试金石”。提升作为实践能力的领导力，必须坚持马克思主义实践观，在思想认识上牢固树立实践是认识的源泉、动力、目的和检验标准的观点，要深刻认识实践活动的客观性、物质性、能动性、创造性等特点。“实践出真知，实践长真才。”“刀要在石上磨，人要在事上练，不经风雨、不见世面是难以成大器的。”“要通过加强思想淬炼、政治历练、实践锻炼、专业训练，推动广大干部严格按照制度履行职责、行使权力、开展工作。”在实践中提升党的领导力，就要大胆创新实践，在勇于开拓创新、积极承担急难险重的工作任务实践中磨炼领导力；就要反对脱离群众、脱离实际的形式主义、官僚主义，诸如热衷于“表面文章”“闭门造车”“形象工程”和拍胸脯表态、拍脑袋决策、拍屁股走人的“三拍”现象；就要注意将理论学习与理论武装、理论指导与实践创新结合起来、贯通起来。优秀的领导人、成功的领导者无不是勇于实践、善于创新的人。“干”就是实践，社会主义是干出来的，不干半点马克思主义都没有。领导只说不“干”，就是老百姓所憎恶的官僚主义、形式主义。二要做好调查研究。调查研究是重要的实践活动，是党做好工作的重要传家宝。毛泽东是调查研究的行家和典范。他提出的“没有调查，没有发言权”“不做正确的调查同样没有发言权”的脍炙人口的名言至今言犹在耳。他给我们党留下了闪耀着马克思主义思想光芒的《寻乌调查》《兴国调查》《长冈乡调查》《才溪乡调查》等经典作品，留下了共产党人开展调查研究的科学方法和精神作风。因此，提升党的领导力，必须切实用好调查研究的“传家宝”，大兴调查研究之风，将调查研究制度化常态化，创新调研方式，切实提高调查研究能力。三要坚持用实践标准、人民标尺检验党的领导力成效。实践是检验真理的唯一标准，人民是检验党的执政活动的根本价值尺度。历史和实践表明：群众最有智慧，群众意见是一把最好的尺子，人民群众是“阅卷人”。党的领导、执政的成效必须由人民群众来检验，就是要以人民拥护不拥护、赞成不赞成、高兴不高兴、答应不答应、满意不满意作为根本标尺，不能让“领导标准”代替“群众标准”，只有如此党的领导力才是经得起检验、拥有广大群众支持的名副其实的领导力。

（三）在革命斗争中愈益坚强

“为有牺牲多壮志，敢教日月换新天。”中国共产党是生于斗争、成长于斗争、壮大于斗争的富有斗争精神的马克思主义政党。中国共产党在内忧外患中诞生、在历经磨难中成长、在攻坚克难中壮大。党的历史是一部在斗争中不断成长壮大的历史。党的十九届六中全会将“坚持敢于斗争”作为党百年奋斗的历史经验之一。党的二十大将“务必敢于斗争、善于斗争”作为新时代新征程“三个务必”之一。在全面建设社会主义现代化国家的前进道路上，党的二十大将“坚持发扬斗争精神”作为必须牢牢把握的五大原则之一，并强调“加强干部斗争精神和斗争本领养成”。历史告诉我们，党的领导力是在无数斗争中不断增强的。现实要求我们，提升党的领导力必须放到伟大斗争的熔炉中去锻造。一是在斗争中锤炼坚定正确政治方向的领导力。党的领导是有方向、有立场、有原则的；共产党人的斗争也是有方向、有立场、有原则的。历史上、现实中的很多斗争都是涉及立场、方向、原则的。在领导伟大斗争中，必须坚持正确的政治方向——坚持中国共产党领导、坚持马克思主义和共产主义信仰、坚持社会主义制度不动摇，在各种重大斗争考验面前保持头脑清醒、立场坚定，做到“不畏浮云遮望眼”“乱云飞渡仍从容”。二是在斗争中锤炼敢于斗争的意志、胆识、勇气。“枪自己是不会动的，需要有勇敢的心和强有力的手来使用它们。”在斗争中增强领导能力，必须注重培养“勇敢的心”。长征中，党领导英雄的红军，血战湘江，四渡赤水，巧渡金沙江，强渡大渡河，飞夺泸定桥……击退上百万穷凶极恶的追兵阻敌、征服空气稀薄的冰山雪岭，穿越渺无人烟的沼泽草地，同敌人进行了 600 余次战役战斗，跨越近百条江河，攀越 40 余座高山险峰，上演了世界军事史上威武雄壮的战争活剧、创造了气吞山河的人间奇迹，极大地锤炼和检验了党的领导力。在新时代新长征路上，我们要发扬革命先辈敢于斗争的革命精神，让党的领导力充满精神、富有力量。三是在斗争中增强善于斗争的领导艺术。领导是科学也是艺术，斗争是科学也是艺术。整个抗日战争时期，中国共产党在错综复杂的环境中面对日本侵略者、国民党各阶层、地主阶级、各路军阀等国内外各种政治势力，采取了高超的斗争艺术。对日本侵略者，共产党提出坚决“打倒日本帝国主义”的口号，提出全民族抗战的政治主张。对以蒋介石为代表的国民党政府，调整对蒋斗争的战略策略，由“反蒋”到“逼蒋抗日”到“联蒋抗日”。针对日本人诱降汪精卫成立汪伪政权造成两个政府的阴谋，共产党提出“拥蒋抗日”的正确决定。针对蒋介石集团，共产党坚持在团结中开展斗争、以斗争求团结，在合作中保持独立、在相对独立中最大限度地维护抗日民族统一战线，对国民党顽固反动势力开展有理、有利、有节的斗争；对地主阶级实行减租减息，在抗日根据地政权中实行“三三制”原则；等等。这些正确而高超的斗争艺术、领导艺术使我们党逐渐成为中国抗战的领导核心与中流砥柱，实现了党和军队规模的不断壮大，最终赢得了抗日战争的胜利。历史启示我们，新时代新征程上，在斗争中增强党的领导力，既要讲科学、讲原则，也要讲艺术、讲策略。勇于斗争不是逞匹夫之勇，复杂的斗争更要讲究方法和艺术。在重大斗争中，要讲究策略方法，坚持有理、有利、有节的原则，坚持“原则坚定”与“策略灵活”相统一，合理选择斗争方式，把握斗争火候，根据形势需要把握斗争的时、度、效，在斗争中赢得主动，增强领导斗争的艺术。

（四）在时代变化中与时俱进

世界上没有僵化不变的领导活动，也没有策略不变的领导艺术。卓越的领导者都是顺应时代变化、引领时代潮流的先锋。“明者因时而变，知者随事而制。”锻造党的领导力必须顺应时代变化、引领时代发展，提升与时俱进领导党和国家事业发展的能力。一要坚持解放思想、实事求是、与时俱进、求真务实的思想路线。解放思想、实事求是、与时俱进、求真务实是党的思想路线的主要内容和精髓，是共产党人的思想品格，也是提升党的领导力的思想保证。环境在改变，实践在发展，时代在进步，人的思想观念、党的领导理念也必须与时俱进。只有坚持解放思想、实事求是，才能不僵化、不保守，不为条条框框和主观偏见所束缚，努力使主观符合客观，在探索掌握规律的基础上推动事业发展。历史和现实中，党的领导的许多创新性思路、方法、点子都是解放思想、实事求是的结果。要真正做到解放思想、实事求是，领导干部要注意处理好“破”与“立”的关系。随着实践发展、时代变化、条件改变，原先的传统的经验、观念、做法甚至优势反而会变成解放思想、改革创新的顽固阻力。因此，领导干部在尊重客观规律的前提下，一定要率先解放思想，带头更新观念，坚持求真务实，勇于破除思想藩篱，善于冲破利益羁绊。二要培养领导创新力。与时俱进的本质精神是创新。创新是一个民族、一个国家、一个政党的灵魂，是社会发展和事业进步的不竭动力，也是提升领导干部水平的不竭动力。领导活动的本质是通过推动和引导创新来促进各项事业发展，并在创新中实现领导价值。面对一日千里的科技发展、深刻变化的新时代、鲜活生动的新实践、层出不穷的新矛盾和新问题，提升党的领导力必须大力培养领导创新力。大凡成功的领导者大都是能够顺应时代发展、引领时代发展的弄潮儿。在时代变革中培养领导创新力，就要有胸怀天下的视野，有敢闯敢试的精神、勇于容错纠错的格局，善于从政策制度上为勇于创新者提供支持和保障。三要抓住机遇、迎接挑战、勇于改革。领导学中有“时机法则”，即掌握时机与善用策略同样重要。当今时代是机遇和挑战并存的时代，机不可失，时不再来。在这样的时代，能否抓住稍纵即逝的机遇、战胜无处不在的挑战，考验着政党和领导者的领导力。机会只青睐有准备的人。提升抓住机遇的能力，就要善于等待和忍耐，平时注重提升自己，时刻准备着；就要主动学会创造机遇，善于“借东风”，善于化危为机。抓住机遇、战胜挑战就要勇于改革，通过改革将挑战转化为机遇，将机遇转变为现实。在改革中提升领导力，先要学会做勇敢的优秀的“独舞者”甚至是“逆行者”，然后以自己的行为示范带领团队去做原本不敢想、原本不想做的事情，最终带领队伍走向胜利。1978 年，习仲勋到广东担任领导工作。在党的十一届三中全会召开不久的中央工作会议上，他直言“希望中央给点权，让广东先走一步，放手干”。这就是后来广为流传的“习仲勋向中央要权”的佳话。会议期间，他向邓小平汇报提出广东开放搞活的一系列设想，请求邓小平支持在深圳、珠海、汕头兴办出口贸易加工区，邓小平一锤定音，这才有了后来的“经济特区”。总之，在时代变化中与时俱进提升党的领导力，就要着眼党在新时代新征程的使命任务，坚持好、运用好坚持人民至上、坚持自信自立、坚持守正创新、坚持问题导向、坚持系统观念、坚持胸怀天下的立场观点方法，以实践创新、理论创新、制度创新、管理创新、科技创新等一系列创新的理念和行动去开创中国式现代化的新辉煌。

（五）在群众路线中丰富完善

正确、卓越的领导必然要正确处理政党与群众、领导与群众之间的关系。群众路线是党的生命线和根本工作路线，也是党的根本领导方法。“实践——认识——实践”，“群众——领导——群众”，这一实践与认识、群众与领导的辩证关系以及“一切为了群众，一切依靠群众，从群众中来，到群众中去”的根本工作路线，深刻表明党的群众路线就是一门蕴含高超领导智慧的领导哲学。党的历史表明，党的领导力正是在党的群众路线实践中不断增强提升的。提升锻造党的领导力，必须坚持践行党的群众路线。一是强化“一切为了群众”的价值立场和宗旨意识。毛泽东等老一辈革命家为中国共产党确立了全心全意为人民服务的根本宗旨。邓小平曾指出，“领导就是服务”。中国共产党作为全心全意为人民服务的马克思主义政党，“一切为了群众”标定了党的领导的根本立场和价值原则。党的根本宗旨贯彻了“一切为了群众”的价值立场，为党的正确领导确立了价值坐标。提升党的领导力，必须牢牢扭住“一切为了群众”的根本立场，一旦背离这个根本点，党的领导力就失去了价值和意义。二是强化“一切依靠群众”的群众观点。人民群众是历史的创造者，是社会发展的决定性力量。离开人民群众，党的领导就是孤家寡人，必然一事无成。提升锻造党的领导力，必须强化“一切依靠群众”的观点，紧紧依靠人民，发挥人民群众的聪明才智，使党的领导活动获得人民群众的坚定支持。三是贯彻“从群众中来，到群众中去”的根本方法。“从群众中来，到群众中去”揭示了党的正确领导的根本方法和基本步骤。凡是正确的领导必然是坚持了这一方法的，凡是错误的领导大都是违背这一方法的。提升党的领导力必须坚持“从群众中来，到群众中去”的领导方法，从群众的聪明才智中汲取领导智慧，在群众监督中减少领导失误，在群众评判中校正领导坐标，在群众参与中提升领导民主。四是善于把党的正确主张变成群众的自觉行动。要构建领导和群众、上级和下属共同的价值观体系，构建“自下而上、自上而下、上下联动”的机制，落实党内民主、基层民主、协商民主等民主实现形式，把党的正确主张变成群众的自觉行动，让党的领导在群众追随行动中变成现实。群众路线作为党的生命线和根本工作路线，对党的领导力提升与建设具有根本的意义。新时代新征程，“中国式现代化是全体中国人民的事业，必须紧紧依靠人民，汇聚蕴藏在人民中的无穷智慧和力量，才能不断创造新的历史伟业”。以中国式现代化全面推进中华民族伟大复兴，对党的领导力提出了新的更高要求。新时代新征程上，一方面，全党要树牢马克思主义群众观点，贯彻党的群众路线，践行党的根本宗旨，始终保持党同人民群众的血肉联系和优良作风；另一方面，各级党组织和领导干部“要把握新形势下群众工作的特点和规律，走好新时代群众路线，在深入实际、深入群众的躬身实践中，增进群众感情、把准群众脉搏、精准服务群众，满足人民多层次多样化需求，把工作做到人民群众心坎上”。总之，通过始终坚持、创新践行党的群众路线，使党的领导力建立在正确的价值坐标上，拥有坚实的力量依靠，遵循科学的领导方法，从而使中国式现代化拥有最可靠、最深厚、最持久的力量源泉。

四

党的领导力的新时代表现

党的十八大以来，以习近平同志为核心的党中央以巨大的政治勇气和强烈的责任担当，统揽伟大斗争、伟大工程、伟大事业、伟大梦想，提出一系列新理念新思想新战略，出台一系列重大方针政策，推出一系列重大举措，推进一系列重大工作，攻克了许多长期没有解决的难题，办成了许多事关长远的大事要事，推动党和国家事业取得历史性成就、发生历史性变革，推动我国迈上全面建设社会主义现代化国家新征程，展现出新时代党的强大领导力。

（一）推动中国特色社会主义进入新时代的领导力

顺应时代潮流，把握时代特点，回答时代课题，是中国共产党永葆生机活力和取得辉煌成就的重要原因。经过改革开放 40 多年的快速发展，我国综合国力进入世界前列，国际地位大幅提升，国家面貌发生前所未有的变化，中华民族正以崭新姿态屹立于世界东方。习近平总书记科学把握世情、国情、党情的深刻变化，深刻指出："经过长期努力，中国特色社会主义进入了新时代，这是我国发展新的历史方位。"作出中国特色社会主义进入新时代的重大政治论断，彰显了中国共产党与时代共同进步的先进性本色，以及把握历史规律和历史趋势的高度自觉和高度自信。

历史车轮滚滚向前，时代潮流浩浩荡荡。中国特色社会主义进入新时代，中国共产党是根本推动力量。改革开放以来，特别是党的十八大以来，中国共产党团结带领人民锐意进取，不懈奋斗，推动经济社会发展取得全方位成就。我国经济总量稳居世界第二，对世界经济增长平均贡献率稳居世界第一，人均国内生产总值（GDP）超过 1 万美元。我国在许多前沿科技领域实现了从后发到先发、从跟跑到领跑的转变，一些关键领域、核心技术取得重大突破。中华文化得到更大力度和广度的弘扬。人民军队在中国特色强军之路上迈出坚定步伐，国防实力得到大幅跃升。我国经济实力、科技实力、文化软实力、国防实力的持续增强，表明我国经济社会发展已经达到全新高度，中国特色社会主义进入全新时代，中华民族迎来了从站起来、富起来到强起来的伟大飞跃。

（二）统筹“两个大局”的领导力

随着中国特色社会主义进入新时代，我国正经历着最为广泛而深刻的社会变革，也正在进行着人类历史上最为宏大而独特的实践创新。当今时代，最为鲜明的时代特色，就是中华民族伟大复兴战略全局和世界百年未有之大变局的历史交汇。2019 年 5 月，习近平总书记在江西考察时指出：“领导干部要胸怀两个大局，一个是中华民族伟大复兴的战略全局，一个是世界百年未有之大变局，这是我们谋划工作的基本出发点。”“两个大局”既是我们谋划工作的基本出发点，也是理论创新的基本出发点。改革开放以来，特别是党的十八大以来，中国共产党始终注重统筹“两个大局”，既立足国内，充分运用我国资源、市场、制度等优势实现持续健康发展，又积极应对外部环境变化，推动人类社会互利共赢、共同发展。

“两个大局”相互交织、相互作用、融合交汇，构成了一个事关中国向何处去、世界向何处去的总局势。一方面，我们党善于在世界百年未有之大变局中推动中华民族伟大复兴战略全局。中华民族伟大复兴的战略全局，是在世界百年未有之大变局的大环境下形成和展开的。我们党把实现民族复兴放在世界大变局的背景下来筹划，充分运用世界大变局中我国发展重要战略机遇期，整体推进了中华民族伟大复兴。另一方面，我们党也善于在推动中华民族伟大复兴的战略全局中适应和塑造世界百年未有之大变局。世界大变局不是置中国于局外的变局，中国是塑造世界大变局的主要力量。我们党坚持走和平发展道路，推动构建相互尊重、公平正义、合作共赢的新型国际关系，积极参与引领全球治理体系改革和建设，使世界大变局不断朝着有利于实现中华民族伟大复兴、有利于构建人类命运共同体的方向演变。

（三）推进“两个一百年”奋斗目标的领导力

建设社会主义现代化国家是我们长期以来矢志不渝的奋斗目标。党的十八大以来，根据中国特色社会主义实践和时代特征，习近平总书记明确阐释了“两个一百年”奋斗目标：“到中国共产党成立 100 年时全面建成小康社会的目标一定能实现，到新中国成立 100 年时建成富强民主文明和谐的社会主义现代化国家的目标一定能实现，中华民族伟大复兴的梦想一定能实现。”党的十九大在表述“两个一百年”奋斗目标时，对应生态文明建设，增加了“美丽”二字，第二个百年奋斗目标完整表述为“把我国建成富强民主文明和谐美丽的社会主义现代化强国”。党的二十大在实现第一个百年奋斗目标基础上提出：“从现在起，中国共产党的中心任务就是团结带领全国各族人民全面建成社会主义现代化强国、实现第二个百年奋斗目标，以中国式现代化全面推进中华民族伟大复兴。”

目标催人奋进，目标指引方向。党的十八大以来，中国共产党团结带领人民向“两个一百年”奋斗目标奋勇前进。以习近平同志为核心的党中央，按照全面建成小康社会各项要求，紧扣我国社会主要矛盾变化，统筹推进经济建设、政治建设、文化建设、社会建设、生态文明建设，大力推进精准扶贫、精准脱贫，科学实施“五个一批”工程，稳定实现贫困人口“两不愁三保障”，使我国成为世界上减贫人口最多的国家，成为世界上率先完成联合国千年发展目标的国家，完成了全面建成小康社会的历史任务，实现了第一个百年奋斗目标。党的二十大对实现第二个百年奋斗目标作出新的战略安排：“从二〇二〇年到二〇三五年基本实现社会主义现代化；从二〇三五年到本世纪中叶把我国建成富强民主文明和谐美丽的社会主义现代化强国。”这个宏伟的战略安排，吹响了全面建设社会主义现代化国家、全面推进中华民族伟大复兴的冲锋号，激励全体人民朝着伟大目标奋勇前进。

（四）维护国家主权、安全、发展利益的领导力

党的十八大以来，我们党紧紧围绕建设一支听党指挥、能打胜仗、作风优良的人民军队，重振政治纲纪，重塑组织形态，重整斗争格局，重构建设布局，重树作风形象，人民军队在中国特色强军之路上迈出了坚定步伐，国防和军队建设进入了新时代。特别是，针对国际形势发生

深刻变化和我国核心利益面临严峻挑战的新情况，我们党制定了新时代军事战略方针，在拓展积极防御战略纵深、加快军事力量走出去、经略新型安全领域等方面积极作为，有效维护了国家主权、安全、发展利益。

长期以来，我国存在“台独”等分裂势力，与日本、印度和南海周边相关国家存在领土争端，面临霸权主义和强权政治的外部威胁。党的十八大以来，我们党领导人民军队不惧强敌对手，敢于善于运用军事力量，表现出捍卫国家核心利益的坚定决心。近年来，党领导人民军队将军事斗争准备基点放在打赢信息化局部战争上，突出海上军事斗争和军事斗争准备，组织了一系列重大军事行动，特别是划设了东海防空识别区，南海岛礁建设取得了重大进展，坚决反击印度军队边境挑衅，坚决抵御霸权主义战略遏制，有效捍卫了国家主权、安全、发展利益。

五

党的领导力的现代化塑造

新中国成立70多年来，中国共产党一直把建成社会主义现代化强国作为始终不渝的奋斗目标。从提出“四个现代化”宏伟目标，到提出“三步走”战略目标，再到提出“两个一百年”奋斗目标，中国始终为实现社会主义现代化而不懈奋斗。党的十九大、二十大对我国社会主义现代化作出了新的战略安排，我国社会主义现代化建设的蓝图更加清晰，前景更加光明。与此同时，实现社会主义现代化对党的领导力提出了更高要求。我们党要不断提高领导社会主义现代化建设的能力，确保全面建成社会主义现代化强国的目标如期实现。

（一）全面建设社会主义现代化国家提出党的领导力建设新目标

党的十九大准确把握我国社会主要矛盾的历史性变化和社会主义初级阶段基本国情，综合分析国际国内形势和我国发展条件，对我国社会主义现代化建设作出两个阶段的战略安排：第一个阶段，从2020年到2035年，在全面建成小康社会的基础上，再奋斗15年，基本实现社会主义现代化。第二个阶段，从2035年到本世纪中叶，在基本实现现代化的基础上，再奋斗15年，把我国建成富强民主文明和谐美丽的社会主义现代化强国。党的二十大在全面建成小康社会的基础上，关于全面建成社会主义现代化强国，再次明确了分两步走的总的战略安排，即“从二〇二〇年到二〇三五年基本实现社会主义现代化；从二〇三五年到本世纪中叶把我国建成富强民主文明和谐美丽的社会主义现代化强国”。

党的二十大报告指出：“全面建设社会主义现代化国家，是一项伟大而艰巨的事业，前途光明，任重道远。”从国际看，世界百年未有之大变局加速演进，国际力量对比深刻调整，和平与发展仍然是时代主题，但国际环境日趋复杂，不稳定性不确定性明显增加。从国内看，我国已转向高质量发展阶段，继续发展具有多方面优势和条件，同时，我国发展不平衡不充分问题仍然突出，创新能力不适应高质量发展要求，农业基础还不稳固，城乡区域发展和收入分配差距较大，生态环保任重道远，民生保障存在短板，社会治理还有弱项。错综复杂的国际形势和艰巨繁重的国内改革发展稳定任务，为我们实现社会主义现代化带来了严峻挑战，也对党领导实现社会主义现代化的能力提出了更高要求和更高目标。我们必须统筹中华民族伟大复兴战略全局和世界百年未有之大变局，坚持和加强党的全面领导，不断提高党的建设质量，把党建设成为始终走在时代前列、人民衷心拥护、勇于自我革命、经得起各种风浪考验、朝气蓬勃的马克思主义执政党，为全面建设社会主义现代化国家提供坚强领导力量和根本政治保证。

（二）增优势、补短板，全面提高党的领导力

中国共产党领导是中国特色社会主义最本质的特征，是中国特色

社会主义制度的最大优势，中国共产党是最高政治领导力量。中国特色社会主义之所以取得举世瞩目的伟大成绩，关键在于中国共产党有无与伦比的领导力和独特优势。我们党具有强大的理论创新能力，在敏锐把握、深入解决重大时代课题中，把马克思主义基本原理同中国具体实际相结合、同中华优秀传统文化相结合，不断推进马克思主义中国化时代化，为解决重大时代课题提供了科学指引。我们党具有强大的实践创新能力，在实现中华民族伟大复兴的征程中前赴后继、接续奋斗，发扬斗争精神、提高斗争本领，推动矛盾转化、解决实际问题，不断引领人民为解决重大时代课题而奋斗，体现出强大的领导能力。随着时代的发展，我们必须清醒地认识到，我们党面临的执政环境是复杂的，影响党的先进性、弱化党的纯洁性的因素也是复杂的，党内存在的思想不纯、组织不纯、作风不纯等突出问题尚未得到根本解决，不适应全面建设社会主义现代化国家的能力素质短板依然存在。

党的领导能力不是与生俱来的，而是在长期奋斗中砥砺磨炼、增强提高的。进入新时代，我们必须增强忧患意识和风险意识，准确识变、科学应变、主动求变，不断增优势、补短板，全面提高党的领导力。要加强思想武装，把坚定理想信念作为党的思想建设的首要任务，用习近平新时代中国特色社会主义思想武装全党，教育引导全党牢记党的宗旨，挺起共产党人的精神脊梁，解决好世界观、人生观、价值观这个“总开关”问题，自觉做共产主义远大理想和中国特色社会主义共同理想的坚定信仰者和忠实实践者。要坚持正风反腐，加强作风建设，继续整治“四风”问题，强化监督执纪问责，保持党同人民群众的血肉联系，不断厚植党执政的群众基础。要持续加强反腐败斗争，坚持无禁区、全覆盖、零容忍，坚持重遏制、强高压、长震慑，深化标本兼治，坚持一体推进不敢腐、不能腐、不想腐，通过不懈努力换来海晏河清、朗朗乾坤。要全面增强执政本领，重点增强学习本领、政治领导本领、改革创新本领、科学发展本领、依法执政本领、群众工作本领、狠抓落实本领、驾驭风险本领，做到既政治过硬又本领高强，解决好工作本领与社会主义现代化建设不适应的问题。

（三）在党的坚强领导下夺取全面建设社会主义现代化国家新胜利

党的十八大以来，以习近平同志为核心的党中央团结带领全党全国各族人民锐意进取、攻坚克难，党和国家事业取得历史性成就、发生历史性变革，推动我国迈上全面建设社会主义现代化国家新征程。我们比历史上任何时期都更接近、更有信心和能力实现中华民族伟大复兴的目标，同时必须准备付出更为艰巨、更为艰苦的努力。我们必须坚定信心、锐意进取，主动识变应变求变，主动防范化解风险，不断夺取全面建设社会主义现代化国家新胜利。

要始终坚持党的领导。党政军民学，东西南北中，党是领导一切的。历史已经证明，办好中国的事情关键在党，实现社会主义现代化关键也在党，党的领导是全面建设社会主义现代化国家的根本保证。要把党的领导落实到改革发展稳定、内政外交国防、治党治国治军各领域各方面各环节，确保党始终总揽全局、协调各方。

要始终坚持中国道路。中国特色社会主义道路是实现社会主义现代化的必由之路，是实现中华民族伟大复兴的康庄大道。坚持这条道路，就要坚持以经济建设为中心，坚持四项基本原则，坚持改革开放；统筹推进“五位一体”总体布局，协调推进“四个全面”战略布局；不断解放和发展社会生产力，逐步实现全体人民共同富裕、促进人的全面发展。

要始终笃定奋斗目标。党的十八大以来，我们党提出了“两个一百年”奋斗目标，党的二十大作出到2035年基本实现社会主义现代化、到本世纪中叶把我国建成富强民主文明和谐美丽的社会主义现代化强国的战略安排。我们要始终笃定奋斗目标，坚持一张蓝图绘到底，以“不到长城非好汉”的进取精神和“乱云飞渡仍从容”的战略定力，确保社会主义现代化建设的目标如期实现。

要有效应对风险挑战。习近平总书记强调：“前进的道路不可能一帆风顺，越是前景光明，越是要增强忧患意识，做到居安思危，全面认识和有力应对一些重大风险挑战。”当前，已经全面建成小康社会，全面建设社会主义现代化国家迈出坚实步伐，前景十分光明，但风险挑战也十分严峻。如果不能有效应对前进道路上的风险挑战，社会主义现代化建设的进程可能就会受阻，甚至中断。我们必须始终保持高度警惕，增强忧患意识，防范化解重大风险挑战，不断战胜现代化建设道路上的各种艰难险阻。

第 2 章

党的领导力在以自我革命引领社会革命中锻造增强

中国共产党已经走过了100多年的辉煌历程，从当初只有50多名党员的小党发展成为拥有9900多万名党员的世界最大执政党，从南湖启航的小小红船成为引领民族复兴的巨轮。由此，“中国共产党是史上最牛创业团队”成为一个持续热议的世界话题。一些外国政要更是坦言：中国共产党本身就是中国奇迹。回望历史，许多人都在探寻和追问：中国共产党为什么能？答案就在于——不忘初心、牢记使命，以伟大自我革命引领伟大社会革命，从而不断增强卓越的领导力，始终挺立时代潮头，为实现民族独立和人民解放、国家富强和人民幸福锻造了坚强领导核心。

一 在追寻民族复兴的伟大梦想中，顺应历史潮流以锻造增强领导力

以大历史观视之，中国共产党的诞生是近代中国社会及人民革命斗争发展的必然结果，是顺应人民期盼幸福、民族呼唤复兴历史潮流的时代产物，是在由旧民主主义革命向新民主主义革命转换的过程中应运而生的。中国共产党的诞生，标志着中国革命产生了新的领导力量——无产阶级及其政党，中国共产党领导广大工人、农民、小资产阶级和民族资产阶级，要推翻帝国主义、封建主义和官僚资本主义“三座大山”反动统治，不断增强自身领导力。

（一）近代中国社会的主要矛盾决定了政治力量的领导力关键之所在

中华民族5000多年的厚重历史，创造了灿烂的中华文明，为人类作出了卓越贡献，成为世界上伟大的民族。但是，当历史步入近代，中国却落伍了。19世纪初，当中国处在封建社会晚期时，西方资本主义迅猛发展，并向非洲、美洲、亚洲等全世界范围内实行大规模殖民主义扩张。幅员辽阔、资源丰富、人口众多的中国，自然成了西方列强垂涎和争夺的目标。然而，自诩为“天朝上国”的清王朝却对世界大势浑然

不知，自身政治、经济、军事、文化早已全面落后，却又傲慢、冥顽不化。古老中国遇到千年未有的严重挑战，面临极其深刻的生存危机。1840 年，西方头号强国英国悍然发动侵略中国的鸦片战争，在外国资本和列强坚船利炮入侵下，中国社会发生了两个根本性变化：一是独立的中国逐渐变成了半殖民地的中国；二是封建的中国逐步变成了半封建的中国。

鸦片战争后，西方侵略者纷至沓来，穷凶极恶地对中国发动一次又一次侵略战争，用武力迫使清政府妥协就范，中国一步步坠入半殖民地的深渊。自 1840 年以后，几乎所有资本主义、帝国主义强国都参与了对中国的侵略。据史料记载，从 1840 年鸦片战争到 1949 年新中国成立前，旧中国先后被迫同 22 个国家签订了《南京条约》《马关条约》《辛丑条约》等 745 个不平等条约。列强通过一个个严苛的不平等条约，迫使清政府割地赔款，先后侵占我国 180 多万平方公里领土；清政府 8 次主要对外赔款（包括庚子赔款应付的利息），折合约 195300 万银元，相当于 1901 年清政府国库收入总额的 16 倍。与此同时，西方列强凭借不平等条约攫取“特权”，在中国划分“势力范围”，设立租界、驻扎军队，控制中国的通商口岸、交通线和海关，进而操纵中国的财政和经济命脉，支配中国的政治，使中国在经济上和政治上处于半殖民地的地位，严重损害了中国主权，威胁到中华民族生存，阻碍了近现代中国政治、经济和社会进步。西方列强还进行一系列以传教为中心的文化侵略活动，在中国开办许多带有殖民色彩的学校、医院和其他文化设施，企图从精神上奴化中国人民，从心理上征服中国人民。哪里有压迫，哪里就有反抗。空前严重的民族危机面前，推翻帝国主义对中国的统治和奴役，成为近代中国革命最根本的任务之一。

与此同时，外国资本主义的入侵促使中国封建社会逐步解体，民族资本主义有了初步发展，引发中国社会矛盾、阶级关系、革命性质等发生深刻变化。长期以来，封建剥削制度的根基——封建地主土地所有制和地主对农民的剥削在中国社会生活中占据着支配地位。与之相适应，以皇权专制为核心的封建政治统治和以“三纲五常”为核心的封建思想文化根深蒂固。反对封建主义，成为近代中国革命又一个最根本的任务。

封建主义是帝国主义统治中国的社会基础，帝国主义则是封建军阀势力赖以存在的支柱。在帝国主义和封建主义双重压迫下，中国人民的贫困和不自由的程度，是世所罕见的。因此，帝国主义和中华民族的矛盾，封建主义和人民大众的矛盾，构成了近代中国社会的主要矛盾，帝国主义和中华民族的矛盾乃是各种矛盾中最主要的矛盾。这些矛盾的加剧及其尖锐化，就不能不造成日益发展的革命运动。推翻帝国主义和封建主义的统治，实现民族独立和人民解放；彻底改变国家贫穷落后的面貌，实现国家繁荣富强和人民幸福，成为中华民族所面临的历史任务。近代中国人民反帝反封建的民族民主革命兴起，就是上述矛盾运动发展的必然结果。为了破解这一主要矛盾，推进这一伟大革命，完成这一历史任务，各种政治力量纷纷登上历史舞台。问苍茫大地，谁主沉浮？其领导力的关键就在于是否具有解决这一主要矛盾的能力。

（二）其他政治力量作出的努力都不能解决中华民族救亡图存的问题

毛泽东曾经指出：“帝国主义和中国封建主义相结合，把中国变为半殖民地和殖民地的过程，也就是中国人民反抗帝国主义及其走狗的过程。”这一论述勾画了中国近代革命的历史主线。面对国家沉沦、民族危亡的严峻形势，中国人民没有屈服，而是挺起脊梁、奋起抗争，以百折不挠的精神，同外国侵略势力和本国封建势力“进行了一场场气壮山河的斗争，谱写了一曲曲可歌可泣的史诗”。从鸦片战争期间广东三元里人民的抗英斗争，第二次鸦片战争期间各地人民反抗英法和沙俄入侵的斗争，19 世纪 60—90 年代各地接连不断的反洋教斗争，甲午战争后台湾人民反对日本割占台湾的斗争，到历次反侵略战争中广大爱国官兵的浴血奋战；从反对帝国主义和封建主义压迫的农民起义和农民战争，奋起救亡、锐意变法的资产阶级维新运动，到矢志推翻清王朝封建统治的资产阶级革命，无数仁人志士前仆后继，抛头颅洒热血，显示出中国人民不屈不挠的反侵略、反压迫的坚强意志和斗争精神，在近现代中华民族革命斗争史上写下了可歌可泣的悲壮篇章。在中国民主革命的伟大先行者孙中山的领导和影响下，辛亥革命一举推翻了清王朝的反动统治，结束了在中国延续了 2000 多年的封建帝制，打开了中国进步潮流的闸门，传播了民主共和理念，促进了中华民族思想解放，以巨大震撼力和影响力推动了中国社会变革。

但是，由于历史进程和社会条件制约，中国人民不屈奋战的斗争并没有改变旧中国半殖民地半封建社会性质，没有改变自己的悲惨命运，没有完成实现民族独立、人民解放的历史任务。诚如毛泽东所言，辛亥革命“有它胜利的地方，也有它失败的地方。你们看，辛亥革命把皇帝赶跑，这不是胜利了吗？说它失败，是说辛亥革命只把一个皇帝赶跑，中国仍旧在帝国主义和封建主义的压迫之下，反帝反封建的革命任务并没有完成”。历史充分表明，没有先进理论指导，没有用先进理论武装起来的先进政党的领导，没有先进政党顺应历史潮流、勇担历史重任、敢于作出巨大牺牲，中国人民就无法打败压在自己头上的各种反动势力，中华民族就无法改变被压迫、被奴役的命运。一言以蔽之，没有一个具有强大领导力的先进政党，旧中国就只能是一盘散沙。

中国革命运动的发展，迫切呼唤先进政党的出现，中国共产党应运而生。

（三）中国共产党一经成立就义无反顾肩负起实现中华民族伟大复兴的历史使命

1919 年爆发的五四运动是近代以来中国历史上第一次由青年学生、知识分子、工人阶级、小资产阶级和民族资产阶级广泛参加的全国范围的群众性反帝反封建爱国运动，它有着以往历次革命运动不曾有的姿态——彻底地不妥协地反对帝国主义、反对封建主义。五四运动中，中国工人阶级以独立的姿态和巨大的声势登上政治斗争舞台，并以严密的组织性和坚定的斗争性成为这场运动的主力军，发挥了决定性作用。五四运动推动了中国进步思想界认清西方列强的帝国主义本质，研究和宣传社会主义成为新文化运动的主流，马克思列宁主义在中国广泛传播，并且逐步与中国工人运动结合起来。五四运动成为中国新民主主义革命的伟大开端，五四运动后的民主革命，已经不是由资产阶级领导、以资产阶级民主主义为思想武器、以建立资本主义社会为目标的革命，而是由无产阶级领导、以马克思列宁主义为指导思想、以建立各革命阶级联合专政的新民主主义社会为目标进而过渡到社会主义的革命。从旧民主主义革命转变到新民主主义革命，是近现代中国革命历史上最重大、最深刻的变化。

新民主主义革命总路线的首要问题和核心，是实现和坚持无产阶级及其政党——中国共产党对中国革命的领导。“这就是说，这个革命不能由任何别的阶级和任何别的政党充当领导者，只能和必须由无产阶级和中国共产党充当领导者。”这是新民主主义革命区别于旧民主主义革命的根本标志，也是中国人民从长期奋斗中得出的最基本最重要的结论。中国无产阶级和中国共产党正是顺应了近代中国革命和世界历史时代的发展要求，担负起了中国革命的领导重任。

中国无产阶级不仅具有世界各国无产阶级共同的基本优点，即与最先进的经济形式相联系，富于组织性和纪律性，没有私人占有的生产资料，而且有许多特殊的优点。因此，在中国半殖民地半封建社会的各阶级中，只有无产阶级最富于远见，最大公无私，最具有高度的组织性和纪律性，最富有革命的坚决性和彻底性。“中国革命如果没有无产阶级的领导，就必然不能胜利。”无产阶级对于中国革命的领导，必须通过自己的政党来实现。毛泽东指出：“所谓无产阶级领导，就是共产党领导。”中国共产党是中国工人阶级的先锋队，同时是中国人民和中华民族的先锋队，是以马克思列宁主义武装起来、按照民主集中制原则高度组织起来、以全心全意为人民服务作为唯一宗旨的先进政党。只有无产阶级和共产党能够领导农民、城市小资产阶级和资产阶级，克服农民和小资产阶级的狭隘性，克服失业者群体的破坏性，克服资产阶级的动摇性和不彻底性，使中国革命走上正确胜利的道路。没有中国共产党作中国革命的领导核心，没有中国共产党人作中国人民的中流砥柱，中国实现独立和解放是不可能的。然而，面对艰巨的革命任务，要成为合格的领导者，掌握真正的革命领导权，就必须锻造强大的领导力。

二

在引领社会革命的征程中，不懈探索奋斗以锻造增强领导力

社会革命是指人们改造社会的重大变革，其最深刻的根源在于生产关系和生产力的矛盾，其最显著的效用在于不断解放和发展生产力，其表现形式不仅有破除旧秩序的社会暴力运动，还有建立新秩序的社会建设运动。实现中华民族伟大复兴是近代以来中华民族最伟大的梦想，也是中国历史上从未有过的一场深刻社会革命。在这场空前伟大、空前深刻、空前持久的社会革命中，中国共产党人始终不忘初心、牢记使命，挺立于时代潮头，不懈探索奋斗以锻造增强领导力，团结带领中国人民进行艰苦卓绝的伟大斗争，跨过一道又一道沟坎，取得一个又一个胜利，为实现人民幸福和民族复兴作出了伟大历史贡献。

（一）在风雨如磐的新民主主义革命时期，以“为有牺牲多壮志”的精神锻造增强领导力

我们党在领导中国革命的伟大斗争实践中，深刻认识到，近代中国社会的主要矛盾是帝国主义和中华民族的矛盾、封建主义和人民大众的矛盾。实现中华民族伟大复兴，必须进行反帝反封建斗争，首先实现民族独立和人民解放，继而才能实现国家富强、人民富裕。因此，在新

民主主义革命时期，“党面临的主要任务是，反对帝国主义、封建主义、官僚资本主义，争取民族独立、人民解放，为实现中华民族伟大复兴创造根本社会条件”。

为了完成上述任务，在革命斗争中，以毛泽东同志为主要代表的中国共产党人，把马克思列宁主义基本原理同中国具体实际相结合，对经过艰苦探索、付出巨大牺牲积累的一系列独创性经验作了理论概括，开辟了农村包围城市、武装夺取政权的正确革命道路，创立了毛泽东思想。这一道路和理论立足半殖民地半封建社会的基本国情，深刻阐明土地革命是民主革命的中心内容，武装斗争是中国革命的主要形式，农村根据地是革命的战略阵地，在共产党领导下，实现三者的密切结合和有机统一，为夺取新民主主义革命胜利指明了正确方向。

这一时期，党领导人民以“浴血奋战、百折不挠”的姿态投身伟大的斗争实践，形象地讲，就是“抛头颅、洒热血”“提着脑袋干革命”。从热血沸腾的大革命到千难万险的长征路，从硝烟弥漫的抗日战争到摧枯拉朽的解放战争，中国共产党人面对生死考验，义无反顾，一往无前。据不完全统计，从 1921 年到 1949 年，党领导的革命队伍中，有名可查的烈士就达 370 多万人。正是无数共产党人舍生忘死、流血牺牲，才使中华民族稳稳地屹立于世界的东方；正是无数共产党人英勇顽强、敢于牺牲，才挺起中华民族伟大复兴的钢铁脊梁。

经过 28 年浴血奋斗，党领导人民创造了新民主主义革命的伟大成就，成立中华人民共和国，实现民族独立、人民解放，“彻底结束了旧中国半殖民地半封建社会的历史，彻底结束了极少数剥削者统治广大劳动人民的历史，彻底结束了旧中国一盘散沙的局面，彻底废除了列强强加给中国的不平等条约和帝国主义在中国的一切特权，实现了中国从几千年封建专制政治向人民民主的伟大飞跃”。中国共产党和中国人民以英勇顽强的奋斗向世界庄严宣告：“中国人民从此站起来了，中华民族任人宰割、饱受欺凌的时代一去不复返了，中国发展从此开启了新纪元。”

（二）在筚路蓝缕的社会主义革命和建设时期，以“敢教日月换新天”的气概锻造增强领导力

新中国成立时，是世界上最贫穷落后的国家之一。毛泽东曾感慨地说：“现在我们能造什么？能造桌子椅子，能造茶碗茶壶，能种粮食，还能磨成面粉，还能造纸，但是，一辆汽车、一架飞机、一辆坦克、一辆拖拉机都不能造。”面对一穷二白、百废待兴的局面，中国共产党领导中国人民开始了改造山河、建设祖国的伟大壮举，短短时间内建立起独立的、比较完整的工业体系和国民经济体系。

为了完成上述任务，我们党在新中国成立后，领导人民战胜政治、经济、军事等方面一系列严峻挑战，进行抗美援朝战争，巩固新生人民政权，开展土地制度改革和其他民主改革，恢复国民经济。1953 年，党提出过渡时期的总路线，开始对个体农业、个体手工业和资本主义工商业进行社会主义改造。1956 年党的八大宣布，社会主义的社会制度在我国已经基本建立起来，提出努力把我国逐步建设成为一个具有现代农业、现代工业、现代国防和现代科学技术的社会主义强国，领导人民开展全面的大规模的社会主义建设。

这一时期，党领导人民以“自力更生、发愤图强”的姿态投身伟大的斗争实践，形象地讲，就是“吃大苦、耐大劳”“扑下身子搞建设”。广大党员干部将宝贵青春年华投入热火朝天的社会主义事业，抒写了攻

坚克难重整山河、艰苦奋斗改天换地的壮丽诗篇。这一时期，涌现出了“干惊天动地事，做隐姓埋名人”的“两弹一星”科学家、“心中装着全体人民，唯独没有他自己”的兰考县县委书记焦裕禄、“甘当螺丝钉”的雷锋、“宁肯少活二十年，拼命也要拿下大油田”的王进喜等先进典型。为了支援国家经济建设，许多干部职工、科技工作者和解放军指战员听从祖国召唤，奔赴最艰苦和祖国最需要的地方，共同奏响了无私奉献的时代强音。

面对繁重的社会主义建设任务，我们党以“敢教日月换新天”的气概，不断锻造增强领导力，迎难而上、艰苦奋斗，团结带领人民完成社会主义革命，确立了社会主义基本制度，推进了社会主义建设。1954年第一架自制飞机“初教-5”飞上蓝天，1956年第一辆“解放”牌载重汽车下线，1964年第一颗原子弹爆炸成功，1970年第一颗人造地球卫星“东方红一号”发射成功……在中国共产党领导下，“完成了中华民族有史以来最为广泛而深刻的社会变革，为当代中国一切发展进步奠定了根本政治前提和制度基础，为中国发展富强、中国人民生活富裕奠定了坚实基础，实现了中华民族由不断衰落到根本扭转命运、持续走向繁荣富强的伟大飞跃”。

（三）在春潮涌动的改革开放和社会主义现代化建设新时期，以“会当水击三千里”的担当锻造增强领导力

“为中国人民谋幸福，为中华民族谋复兴，是中国共产党人的初心和使命，也是改革开放的初心和使命。”基于对党和国家前途命运的深

刻把握，基于对社会主义革命和建设实践的深刻总结，基于对时代潮流的深刻洞察，基于对人民群众期盼和需要的深刻体悟，党作出改革开放的历史性决策，坚持解放思想、实事求是、与时俱进，团结带领人民开辟了中国特色社会主义道路，使中华民族大踏步赶上时代，以崭新姿态屹立于世界民族之林。改革开放着眼于对社会主义基本矛盾和主要矛盾的双重破解，是中国人民和中华民族发展史上的一次伟大革命。

在春潮涌动的改革开放和社会主义现代化建设新时期，党立足时代潮头，从新的实践和时代特征出发坚持和发展马克思主义，先后创立邓小平理论，形成"三个代表"重要思想和科学发展观。这些党的理论创新成果，"科学回答了建设中国特色社会主义的发展道路、发展阶段、根本任务、发展动力、发展战略、政治保证、祖国统一、外交和国际战略、领导力量和依靠力量等一系列基本问题，形成中国特色社会主义理论体系，实现了马克思主义中国化新的飞跃"。这些理论创新成果，既一脉相承又与时俱进，指引我们根据国际国内形势发展变化，制定正确的战略策略。

这一时期，党领导人民以"解放思想、锐意进取"的姿态投身伟大的斗争实践，形象地讲，就是"舍小家、为大家""一心一意谋发展"。改革开放之初，面对"左"的思想的严重束缚，我们党下决心搞"大包干"，实行家庭联产承包责任制，对农村的生产关系进行实践创新，解放和发展了农业生产力，提高了农民生活水平。在农村改革取得显著成效后，城市和整个经济体制的改革因此有了一定的物质基础和经验借鉴，我们党就开始了城市改革。在推进经济体制改革的同时，我们又面临着政治体制不适应经济体制改革要求的问题，不改革政治体制就会阻碍经济体制改革，就会阻碍生产力的发展，政治体制改革因此提上了日程，我们开始不断深化党和国家机构改革。在这场波澜壮阔的实践创新中，广大党员干部，以“杀出一条血路来”的勇气、“摸着石头过河”的执着和“敢啃硬骨头”的担当，不断解决实践中凸显的问题，向改革开放的深水区挺进。

经过几代人的接续奋斗和不懈努力，党领导人民创造了改革开放和社会主义现代化建设的伟大成就，我国实现了从高度集中的计划经济体制到充满活力的社会主义市场经济体制、从封闭半封闭到全方位开放的历史性转变，实现了从生产力相对落后的状况到经济总量跃居世界第二的历史性突破，实现了人民生活从温饱不足到总体小康、奔向全面小康的历史性跨越，推进了中华民族从站起来到富起来的伟大飞跃。中国共产党和中国人民以英勇顽强的奋斗向世界庄严宣告：改革开放是决定当代中国前途命运的关键一招，中国特色社会主义道路是指引中国发展繁荣的正确道路，中国大踏步赶上了时代。

（四）在砥砺奋进的中国特色社会主义新时代，以“越是艰险越向前”的勇毅锻造增强领导力

党的十八大以来，中国特色社会主义进入新时代。习近平总书记准确把握我国发展新的历史方位，深刻指出：“我国社会主要矛盾已经转化为人民日益增长的美好生活需要和不平衡不充分的发展之间的矛盾。”这一重大政治判断，是由我国发展的客观实际决定的，对党和国家工作提出了许多新要求。其中，最为重要的就是，在中国特色社会主义新时代，“党面临的主要任务是，实现第一个百年奋斗目标，开启实现第二个百年奋斗目标新征程，朝着实现中华民族伟大复兴的宏伟目标继续前

进”。具体而言，就是要通过继续推动发展，着力解决好发展不平衡不充分问题，大力提升发展质量和效益，更好满足人民在经济、政治、文化、社会、生态等方面日益增长的需要，更好推动人的全面发展、社会全面进步，在全面建成小康社会的基础上，把我国建设成为富强民主文明和谐美丽的社会主义现代化强国，实现中华民族伟大复兴。

在引领我们向这一宏伟目标阔步迈进的征程中，以习近平同志为主要代表的中国共产党人，紧紧围绕“新时代坚持和发展什么样的中国特色社会主义、怎样坚持和发展中国特色社会主义，建设什么样的社会主义现代化强国、怎样建设社会主义现代化强国，建设什么样的长期执政的马克思主义政党、怎样建设长期执政的马克思主义政党”等重大时代课题，提出一系列原创性的治国理政新理念新思想新战略，创立了习近平新时代中国特色社会主义思想。这一马克思主义中国化时代化的最新理论成果，源于新的伟大斗争实践，又指导新的伟大斗争实践，是当代中国马克思主义、21 世纪马克思主义，是中华文化和中国精神的时代精华，实现了马克思主义中国化时代化新的飞跃。

这一时期，党领导人民以“自信自强、守正创新”的姿态，投身具有许多新的历史特点的伟大斗争实践，形象地讲，就是“当先锋、打头阵”“越是艰险越向前”。在统筹推进“五位一体”总体布局、协调推进“四个全面”战略布局进程中，以顽强的斗争意志、充沛的斗争精神，勇于应对各个领域的重大风险挑战；同国际上形形色色的单边主义、贸易保护主义、霸凌行径作坚决斗争，坚决维护国家尊严、捍卫国家利益……在以习近平同志为核心的党中央坚强领导下，全党全军全国各族人民勠力同心、砥砺前行，稳经济、促发展，战贫困、建小康，控疫情、抗大灾，应变局、化危机，攻克了一个个看似不可攻克的难关险阻，创造了一个个令人刮目相看的人间奇迹，推动党和国家事业取得历史性成就、发生历史性变革。这些伟大的历史性成就，彰显了中国特色社会主义的强大生机活力，“为实现中华民族伟大复兴提供了更为完善的制度保证、更为坚实的物质基础、更为主动的精神力量”。中国共产党和中国人民以英勇顽强的奋斗向世界庄严宣告：中华民族迎来了从站起来、富起来到强起来的伟大飞跃。

有作为才能有地位，对于一个人来说是如此，对于一个政党而言也是如此。中国共产党的领导地位不是自封的，而是历史和人民的选择。在引领社会革命的征程中，中国共产党不懈探索奋斗锻造增强领导力，为实现中华民族伟大复兴作出了巨大贡献。事实证明，历史和人民选择中国共产党领导中华民族伟大复兴的事业是正确的，必须长期坚持、永不动摇。

三

在推进自我革命的斗争中，敢于刀刃向内以锻造增强领导力

“打铁必须自身硬”，这句话生动形象地说明了一个道理：办好中国的事情，关键在党，关键在党要管党，全面从严治党。我们党要担负起为中国人民谋幸福、为中华民族谋复兴的历史使命，就必须在革命性锻造中造就一支钢铁般的党员干部队伍。正如习近平总书记指出的：“实践充分证明，中国共产党能够带领人民进行伟大的社会革命，也能够进行伟大的自我革命。”中国共产党之所以能够成为领导中国革命、建设、改革事业的核心力量，能够领导人民不断推进社会革命，完成其他各种政治力量不可能完成的艰巨任务，说到底在于党高度重视自身建设，不断推进自我革命，始终保持马克思主义政党的先进性和纯洁性，不断自我净化以锻造增强领导力。

（一）敢于坚持真理、修正错误，在吸取经验教训中不断锻造增强领导力

马克思主义是先进的科学理论，保持党的先进性，要求党善于将马克思主义基本原理同中国具体实际相结合、同中华优秀传统文化相结合，制定正确的路线方针政策，来指导实践。然而，在中国这样一个情

况极为特殊的国度进行伟大的社会革命，是前无古人的事业，注定不可能一帆风顺。

回首我们党走过的路程，有顺境也有逆境，有高潮也有低潮，有胜利也有挫折，有正确也有失误。大革命时期的右倾机会主义，使党遭受惨重损失；土地革命战争时期的“左”倾错误，使革命运动遭遇严重挫折；社会主义革命和建设时期，开展“大跃进”和人民公社化运动，甚至犯了“文化大革命”这一全局性的、长时间的“左”倾错误，使党、国家和人民遭到新中国成立以来最严重的挫折和损失。既然是探索，既然要奋斗，就难免磕磕碰碰，甚至跌跤。中国共产党摔过跟头、犯过错误，但都以自我革命精神，依靠自己的力量认识和纠正错误，从而一步步走向成熟。大革命失败后，党及时召开八七会议，认真检讨党的工作，总结大革命后期的严重错误，确立了实行土地革命和武装起义的总方针，并指出：我们党公开承认并纠正错误，不含混不隐瞒，这并不是示弱，而正是证明中国共产主义运动的力量。长征途中非常时刻中共中央召开政治局扩大会议，即遵义会议，对博古、李德在军事指挥上的错误进行深刻分析和批评，事实上确立了毛泽东在党中央和红军的领导地位，依靠自身力量集中全力解决了当时具有决定意义的军事和组织问题，在关键时刻挽救了党，挽救了红军，挽救了中国革命。抗日战争时期，党进行的整风运动，既是一次全党范围的普遍的马克思主义教育运动，也是一次伟大的思想解放运动，清除了主观主义、宗派主义、党八股等不正之风，确立了实事求是的思想路线，明确了“惩前毖后、治病救人”的整党方针，形成了以整风方式开展自我革命的党建模式。从“文化大革命”阴霾中走出来后，党召开十一届三中全会，及时果断地作出改革开放的伟大决策，把党和国家的工作中心转移到经济建设上来，成功地实现了拨乱反正，校正了前进的航向。

（二）勇于刮骨疗毒、固本培元，在正风反腐惩恶中不断锻造增强领导力

马克思主义政党是为最广大人民谋取利益的政党，保持党的纯洁性，要求党勇于同各种违背全心全意为人民服务根本宗旨的行为进行坚决斗争。中国共产党自成立之日起就高度重视自身建设，1922 年党的二大通过的《中国共产党章程》明确规定了党的组织纪律，列出党员如有违反 6 类纪律的情形，必须开除出党。1926 年 8 月，中共中央扩大会议发出《坚决清洗贪污腐化分子》的通告，指出对腐化分子混入党内的现象必须高度警惕，"应该很坚决的洗清这些不良分子，和这些不良倾向奋斗，才能坚固我们的营垒，才能树立党在群众中的威望"。1949 年 3 月，毛泽东在党的七届二中全会上提出"两个务必"，特别提醒全党，在革命胜利后务必继续地保持谦虚、谨慎、不骄、不躁的作风，务必继续地保持艰苦奋斗的作风，这是对即将在全国执政的全党提出继续保持和发扬革命精神的要求。新中国成立后，中国共产党从领导人民为夺取全国政权而奋斗的党成为领导人民执掌政权的党，面临着使命任务转变和生活环境变化的考验。当时就有少数党员干部经受不住诱惑，倒在了"糖衣炮弹"的攻势下，党随即开展了反贪污、反浪费、反官僚主义的"三反"运动，严肃查处了刘青山、张子善贪污案，对党员干部反腐倡廉、拒腐防变起到了巨大警示作用。

改革开放后，随着社会主义市场经济体制建立并深入发展，党所处的历史方位发生重大转变，面临的"四大考验"和"四种危险"日益严

峻，党员干部中出现了较严重的腐化堕落现象。党的十八大以来，针对一段时间以来党内存在的突出矛盾和问题，以习近平同志为核心的党中央，以不畏艰险的非凡魄力和坚忍不拔的意志品质，坚定不移狠抓管党治党不放松，推动反腐败斗争取得压倒性胜利并全面巩固，推动全面从严治党向纵深发展。经过党的十八大以来的革命性锻造，党刮骨疗毒、固本培元，自我净化、自我完善、自我革新、自我提高的能力不断增强，创造力、凝聚力、战斗力大大提高，焕发出蓬勃生机和旺盛活力。

（三）善于联系群众、团结群众，在践行宗旨中不断锻造增强领导力

群众路线，就是一切为了群众，一切依靠群众，从群众中来，到群众中去，把党的正确主张变为群众的自觉行动。把马克思列宁主义关于人民群众是历史的创造者的原理系统地运用在党的全部活动中，形成党在一切工作中的群众路线，这是党长期在敌我力量悬殊的艰难环境里进行革命活动得到的无比宝贵的历史经验和总结，也是锻造增强党的领导力的重要途径。

1943 年 6 月，毛泽东在《关于领导方法的若干问题》一文中，从辩证唯物主义认识论的高度，对党的群众路线的工作方法进行了精辟概括："在我党的一切实际工作中，凡属正确的领导，必须是从群众中来，到群众中去。这就是说，将群众的意见（分散的无系统的意见）集中起来（经过研究，化为集中的系统的意见），又到群众中去作宣传解释，化为群众的意见，使群众坚持下去，见之于行动，并在群众行动中考验这些意见是否正确。然后再从群众中集中起来，再到群众中坚持下

去。如此无限循环，一次比一次地更正确、更生动、更丰富。这就是马克思主义的认识论。”1945 年 4 月，毛泽东在《论联合政府》一文中也阐述了党的群众路线的核心内容：“我们共产党人区别于其他任何政党的又一个显著的标志，就是和最广大的人民群众取得最密切的联系。全心全意地为人民服务，一刻也不脱离群众；一切从人民的利益出发，而不是从个人或小集团的利益出发；向人民负责和向党的领导机关负责的一致性；这些就是我们的出发点。”毛泽东还从党的根本性质和宗旨出发，提出把“和最广大的人民群众取得最密切的联系”作为党的三大优良作风之一，使党对群众路线的认识提到了新的高度。

从群众中来，到群众中去的领导方法，是同“从实践中来，到实践中去”的认识过程完全一致的，是马克思主义认识论在领导工作中的创造性运用。“从群众中来，到群众中去”的过程，从认识论上说，也就是调查研究的过程，就是把党的实事求是的思想路线同群众路线的工作路线有机统一起来。要做到“从群众中来，到群众中去”，首先要虚心向人民群众学习，向群众做调查工作。做到从群众中来，只是完成了领导工作的第一步，更重要的是要将这些从群众中集中起来的领导意见再回到群众中去，使群众认识到这些意见是符合他们的根本利益的，号召群众实行起来、化作他们自觉的行动，使党的路线方针政策转化成为人民群众改造客观世界的物质力量。

人民是历史的创造者，是我们的力量源泉。在中国这样一个拥有 14 亿多人口的发展中大国，谁能凝聚起全社会的共识和力量？唯有中国共产党！我们党的根基在人民、力量在人民，群众路线作为根本的工作路线，是党始终赢得群众拥戴的关键所在。党作为执政党，能够总揽全局、协调各方，具有强大的政治领导力、思想引领力、群众组织力和社会号召力。

回顾党的100多年历史，我们不难发现，不断推进社会革命是我们党领导全国各族人民进行伟大实践的主题主线。在引领社会革命的波澜壮阔的历史进程中，我们党之所以能始终挺立在时代潮头，领导中国人民取得伟大胜利，为中华民族作出伟大历史贡献，归根结底在于始终不忘初心、牢记使命，坚持以自我革命引领社会革命。在不断推进社会革命征程中，党始终以人民幸福、民族复兴为己任，始终实现好、维护好、发展好最广大人民根本利益，把人民拥护不拥护、赞成不赞成、高兴不高兴、答应不答应作为衡量一切工作得失的根本标准，从而拥有了战胜一切困难风险、从胜利走向胜利的不竭动力源泉。

第3章

统筹“两个大局”对党的领导力提出新的更高要求

100多年奋斗不息，中华民族已经如此接近实现伟大复兴，100多年风云沧桑，世界正经历百年未有之大变局。实现中华民族伟大复兴战略全局和世界百年未有之大变局在新时代不可避免地际会。是相融还是相撞，是机遇还是挑战？统筹中华民族伟大复兴战略全局和世界百年未有之大变局，成为摆在中国共产党和中国人民面前的必答题，是党谋划领导一切工作的基本出发点，也是党的领导力体系的底盘支撑。在开启全面建设社会主义现代化国家新征程、向第二个百年奋斗目标进军，同时世界大变局加速演进的新形势下，胸怀“两个大局”对党的领导力提出新的更高要求，统筹好“两个大局”成为党员干部应该具备的视野、格局、心态、素质和能力。

一 党以卓越领导力团结带领人民在立足中国、放眼世界的大格局中奋发图强、发展前进

中国共产党是以马克思主义为指导、肩负人类解放崇高使命的先进政党，用科学的世界观和方法论武装头脑、指导实践，持续深化对人类社会发展规律的认识，坚定前进方向，树立全心全意为人民服务、胸怀天下的价值标杆，内在地具备了世界视野和人类情怀，这是中国共产党 100 多年来能够领导人民砥砺前行的根本内因。始终以立足中国、放眼世界的大格局带领人民奋发图强、发展前进，是中国共产党卓越领导力的根本特质。

（一）立足中国、放眼世界是中国共产党永葆先进性的必然要求，内在孕育着卓越领导力

中国共产党是以马克思主义为指导、肩负人类解放崇高使命的先进政党，用科学理论武装头脑指导实践，持续深化对人类社会发展规律认识，坚定前进方向，树立全心全意为人民服务、胸怀天下的价值标杆，内在地具备了世界视野和人类情怀，这是中国共产党百余年来能够领导人民奋斗前行的根本内因。中国共产党诞生于百余年前西方列强瓜分中国、民族处于危亡艰难困苦之际，中国先进分子在不懈求索中找到马克思列宁主义，

勇敢担当起唤醒大众、引领人民奋起革命的历史重任。中国共产党深深扎根于中国大地，以获得中华民族自由解放、实现中华民族伟大复兴为己任；同时，中国共产党成立于西方列强第一次世界大战后分割世界争斗方酣、列宁领导的布尔什维克党在帝国主义最薄弱环节取得社会主义革命伟大胜利并建立俄国苏维埃政权、世界无产阶级革命浪潮狂飙正起的 20 世纪 20 年代，中国共产党成立本身就具有世界意义，是东方古老大国开天辟地之大事变，是国际共产主义运动和人类解放事业重要组成部分，中国共产党诞生就天然内在具有世界视野和推进人类进步的崇高使命。回望百余年历程，既紧密立足中国实际解决中国问题，又把握人类发展走向放眼世界局势，是中国共产党保持先进性的显著特质；准确分析判断世界形势国际格局、独立自主探索符合中国实际的革命、建设、改革的道路，是中国共产党不断走向成熟、不断发展壮大的显著标志。作为世界百年大党，中国共产党能够团结带领全国各族人民，在百余年奋斗历程中克服国内外种种艰难险阻、战胜国内外一个个敌人和危机，开展一系列伟大斗争、取得一系列伟大胜利和辉煌成就的精髓要义之一，就是始终根据中国的实际情况和人民心声，同时紧紧把握国际形势变化、紧跟世界发展潮流、紧贴时代前进步伐，独立自主地提出制定中国革命、建设、改革不同阶段的目标任务和路线方针政策，展示出了立足脚下、登高望远的卓越领导力。

（二）中国共产党站在国内与国际、中国与世界互动联系的高度谋划战略全局，顺应时代大势坚持独立自主推进民族伟大复兴

能否处理好本国与世界、国内与国际的互联互动关系，能否以全球

视野、世界眼光谋划布局和领导人民取得革命胜利、抓住机遇加快发展，是对近现代以来政党领导力的极大考验。100 多年来，中国共产党以高远深邃的世界眼光、时代视野审视全局，自觉认识到中国实现民族解放革命胜利与世界被压迫民族摆脱殖民奴役地位获得独立解放、中国进行改革开放实现高速发展与世界和平发展共同繁荣、新时代推进中国式现代化与世界各国合作共赢的关系，以历史高度自觉认识到中国应当为世界和全人类进步事业作出应有的贡献。革命战争年代，中国共产党站在中国革命与世界革命、国内局势与世界形势紧密关联的高度统筹谋划全局，使中国革命不断取得成功走向胜利；改革发展时期，中国共产党把握和平与发展的时代主题，以经济建设为中心、实行改革开放，追赶经济全球化和科技革命浪潮，改革开放 40 多年来，中国特色社会主义事业取得辉煌成就。100 多年来，党领导人民不管干革命搞建设还是谋改革促发展，以国内与国外、中国与世界密切关联的战略视角分析思考、布局谋划，同时以我为主，坚持独立自主，党日益在思想上、组织上走向成熟，领导力不断提升。

（三）中国共产党领导人民在伟大斗争中通盘考虑国内外局势、聚焦斗争焦点，战胜克服国内外风险挑战，营造有利的内部外部环境

在国内外错综复杂的环境中能否带领人民克服风险挑战、战胜困难危机，是政党领导力是否有效的试金石，政党领导力只有经过长期国内外风险危机处理的检验才能得到有效验证。中国共产党以卓越领导力团结带领人民经历 100 多年奋斗，迈过无数雄关漫道、越过无数

暗礁险滩，一路披荆斩棘、代代接续走过革命奋战、探索建设、改革发展之路进入新时代，在无往不胜的伟大斗争中，始终通盘考虑国内外局势及相互作用，聚焦国内外矛盾焦点制定斗争的路线方针政策，一次次转危机为生机、化不利为有利，于风险处寻机遇、挑战中育成功，不断积累创造着走向胜利的内外条件和环境。例如，抗日战争时期，中国成为世界反法西斯战争东方主战场，中国共产党运用科学思维方法和深邃战略视野，对中日力量、战争性质、世界反法西斯战争形势等进行对比分析，驳斥“亡国论”，提出中国抗日战争之所以能够坚持，是由包括全国党派、全国军队、全国人民、国际方面、敌国方面等诸多因素决定的；“日本的长处是其战争力量之强，而其短处则在其战争本质的退步性、野蛮性，在其人力、物力之不足，在其国际形势之寡助”，“中国的短处是战争力量之弱，而其长处则在其战争本质的进步性和正义性，在其是一个大国家，在其国际形势之多助”。中国的进步方面“在于它已经不是完全的封建国家，已经有了资本主义，有了资产阶级和无产阶级，有了已经觉悟或正在觉悟的广大人民，有了共产党，有了政治上进步的军队即共产党领导的中国红军，有了数十年革命的传统经验，特别是中国共产党成立以来的十七年的经验”，同时国际的条件“使得中国在战争中不是孤立的，这一点也是历史上空前的东西”。世界的人民运动、苏联的存在等，造成了和造成着为中国最后胜利所不可缺少的重要条件；反对速胜论，敌强我弱，有灭亡危险，抗日战争初期，未能给敌方基本削弱，未能阻止其进攻态势，敌人国际孤立的因素还没有完全形成；国际上，克服助日势力增加反日势力尚未成为现实，这些决定了战争不能速胜、只能是持久战。这些远见卓识，助力中国共产党成为全民抗战的中流砥柱，中国共产党

“以卓越的政治领导力和正确的战略策略，指引了中国抗战的前进方向，坚定不移推动全民族坚持抗战、团结、进步，反对妥协、分裂、倒退”，“高举抗日民族统一战线的旗帜，坚决维护、巩固、发展统一战线，坚持独立自主、团结抗战，维护了团结抗战大局”，中国人民抗日战争胜利是全民族众志成城奋勇抗战的伟大胜利，也是中国人民同反法西斯同盟国以及各国人民并肩战斗的伟大胜利。

二

党以卓越领导力开创中国特色社会主义道路，推进中华民族伟大复兴

中国的发展离不开世界，世界的发展需要中国。处理好独立自主、自力更生与打开国门对外开放的关系，统筹好国际国内两个大局，对于执政党的领导力都是极大的考验。新时代新征程，实现中华民族的伟大复兴，必须坚持独立自主、坚定道路自信，顺应全球化潮流的世界大势，打开大门，并且要越开越大，这正是中国共产党卓越领导力的充分展示。

（一）顺应时代潮流，抓住战略机遇，实施对外开放，党领导人民开创中国特色社会主义伟大事业

早在 170 多年前，马克思、恩格斯在合著的《德意志意识形态》中就提出："各民族的原始封闭状态由于日益完善的生产方式、交往以及因交往而自然形成的不同民族之间的分工消灭得越是彻底，历史也就越是成为世界历史。" 近现代以来，世界历史展开的动力源就是生产、资本、市场、技术等为内容的经济全球化，经济全球化以世界范围内的国际分工为基础，是生产力发展的客观要求和科技进步的必然结果，促进了商品资本世界流动、资源要素全球配置和科技文明极大进步。当代人类交

往的全球性世界性比历史上任何时期都更深入、更广泛，各国各地区的联系互动和相互依存比历史上任何时候都紧密。

能否顺应全球化和科技革命世界潮流、认清时代主题，抓住机遇乘势而上加快发展，是对执政党领导力的根本性检验。习近平总书记指出，改革开放“是坚持和发展中国特色社会主义的必由之路，是决定当代中国命运的关键一招，也是决定实现‘两个一百年’奋斗目标、实现中华民族伟大复兴的关键一招”。中国共产党以非凡的战略勇气、全球眼光，深刻把握党和国家前途命运、深刻总结社会主义革命和建设实践，深刻洞察时代潮流世界形势，领导人民实行改革开放，开创中国特色社会主义事业，牢牢抓住战略机遇期，经过40多年的改革开放，我们创造了经济快速发展和社会长期稳定两大奇迹，中国特色社会主义进入新时代，中华民族伟大复兴展现出前所未有的光明前景。

习近平总书记指出：“改革开放40年的实践启示我们：开放带来进步，封闭必然落后。中国的发展离不开世界，世界的繁荣也需要中国。我们统筹国内国际两个大局，坚持对外开放的基本国策，实行积极主动的开放政策，形成全方位、多层次、宽领域的全面开放新格局，为我国创造了良好国际环境、开拓了广阔发展空间。”40多年来，党领导人民利用国际国内两个市场、两种资源，中国特色社会主义事业取得辉煌成就与对外开放积极融入经济全球化直接相关，中国发展极大得益于全球化和对外开放，新时代推进中国式现代化、实现中华民族伟大复兴必须实施更高水平对外开放、推动高质量发展。

（二）坚持独立自主和坚持改革开放，是党治国理政、实现中华民族伟大复兴的最主要经验

习近平总书记指出：“加强治国理政经验交流，其中最重要的就是坚持独立自主，坚持改革开放，坚持探索符合自身国情的发展道路。”历史从正反两方面反复证明，经济文化相对落后的社会主义国家必须坚持独立自主的基本方针，紧紧依靠本国人民的力量搞建设谋发展，依据本国资源、能源、人口、历史文化等国情和社会主义制度属性探索发展道路、确立奋斗目标，这是当今两种制度共存时代下社会主义国家自立自强自信的唯一选择；同时，全球化市场化时代，关起门来故步自封也搞不好国家建设发展。邓小平曾指出：“中国在西方国家产业革命以后变得落后了，一个重要原因就是闭关自守。”明清之际关起大门、闭关自守、坐井观天、自诩上国也是导致中国近代以来曾长期落后挨打、遭受欺凌的重要内因，历史教训沉痛刻骨，必须吸取。

坚持独立自主、自力更生与打开国门对外开放，在全球化时代对于任何国家执政党的领导力都是极大的考验。坚定走中国特色社会主义道路、实现中华民族伟大复兴目标，必须坚持独立自主、坚定道路自信，又顺应全球化潮流的世界大势，打开开放大门，正是中国共产党卓越领导力的充分展示。中国是世界上最大的发展中国家和人口最多的国家，中国经济社会发展巨大能源资源需求要努力实现基本自给，14 亿多人口的饭碗必须牢牢端在自己手中，被西方国家“卡脖子”的最先进、最核心的科技瓶颈必须依靠自己打破等，中国人民必须主要依靠自己生存发展。当前，我们也遇到了一些现实问题，如“农业方面，很多种子大

量依赖国外，农产品种植和加工技术相对落后”，“工业方面，一些关键核心技术受制于人，部分关键元器件、零部件、原材料依赖进口。能源资源方面，石油对外依存度达到 70% 以上，油气勘探开发、新能源技术发展不足”等，必须通过自主科技创新之路加快解决这些关键问题。改革开放 40 多年来，党领导人民在坚持走自己道路的同时实行改革开放，也只有在独立自主前提下，才能有真正的对外交流交融，任何国家建设发展要取得成功，都必须依靠自己的力量，同时自主决定实施对外开放，通过对外开放吸收引进先进技术和管理经验来提升自主自强能力。习近平总书记指出：“现在，国际上单边主义、贸易保护主义上升，我们必须坚持走自力更生的道路。中国要发展，最终要靠自己。”近年来，世界上出现了一股反全球化逆流，中国与美国产生贸易摩擦，中国对外开放外部环境有所恶化，不确定性增多，中国要增强内生动力，主要立足自己加快发展。

（三）统筹发展与安全，有效应对复杂局面和风险挑战

安全是生存发展的基石。维护国家安全是全国各族人民根本利益所系，维护中华民族伟大复兴发展战略机遇期需要坚实的安全保障、和平的发展环境作支撑。统筹发展与国内外安全，增强忧患意识，将维护国家安全战略主动权牢牢掌握在自己手中，是执政党领导力的重要内容和体现，也是治国理政的一个重大原则。

中国共产党成立 100 多年来，新中国成立 70 多年来，改革开放 40 多年来，党团结带领人民进行伟大斗争，在历经无数血雨腥风、克服艰

难险阻、战胜挑战危机中，砥砺奋进、勇往直前。进入全球化时代，国家安全内涵和外延十分丰富、时空领域十分宽广、内外因素交织复杂，做好安全与发展两件大事，必须树牢总体国家安全观，统筹国内国际安全形势，既重视外部安全也重视内部安全，既重视自身安全也重视全球安全。改革开放40多年来，党领导人民有力应对20世纪80年代末90年代初的国际政治变局和国内风波、1998年战胜长江大洪水、2003年抗击“非典”、2008年汶川大地震抢险救灾和化解国际金融危机冲击、抗击新冠疫情等，中国特色社会主义事业一路破浪前行，中华民族伟大复兴势不可当。

中国共产党领导人民立足国际秩序大变局，立足防范风险大前提，立足国家战略机遇期，不论国际形势如何变化，始终坚持底线思维，保持实现中华民族伟大复兴的战略定力、战略自信和战略耐心，以全球战略视野谋划安全与发展全局，做好国内安全工作，同时高举和平、发展、合作、共赢旗帜，积极营造外部安全环境。习近平总书记指出：“更好统筹国内国际两个大局，坚持开放的发展、合作的发展、共赢的发展，通过争取和平国际环境发展自己，又以自身发展维护和促进世界和平，不断提高我国综合国力，不断让广大人民群众享受到和平发展带来的利益，不断夯实走和平发展道路的物质基础和社会基础。”中国政府不断加强安全领域国际合作，维护世界和平稳定，引导国际社会共同塑造更加公平合理的国际秩序，与国际社会共同应对地区争端和恐怖主义、气候变化、网络安全、生物安全等全球性问题。1990年4月，中国军队开启参加联合国维和行动历程。30多年来，中国维和官兵参与监督停火、稳定局势、保护平民、安全护卫、支援保障、撒播希望，在推进和平解决争端、维护地区安全稳定、促进驻在国经济发展等方面作出重要贡献。30 多年来，中国军队先后参与 25 项联合国维和行动，累计派出维和官兵近 5 万人次，16 名中国官兵为了和平事业献出了宝贵生命。根据联合国有关决议，2008 年底以来，中国海军派出 45 批护航编队赴亚丁湾、索马里海域进行国际护航，保障重要国际贸易和人道主义救援物资船舶通道安全，为维护世界和平发展作出中国贡献。

三

新时代新变化对提高统筹“两个大局”领导力提出新要求

开启新发展阶段，中国与世界深度互动融合、国内大局与国际大局相互交织，中国改革发展对世界的影响、世界形势变化格局调整对中国的影响都在不断加深。推进中国式现代化，“两个大局”密切关联、深度互动成为当代中国谋事之基，对中国共产党全面提高统筹“两个大局”的能力提出一系列新挑战新要求。

（一）“两个大局”是新时代党领导谋划工作的基本出发点

习近平总书记指出：“领导干部要胸怀两个大局，一个是中华民族伟大复兴的战略全局，一个是世界百年未有之大变局，这是我们谋划工作的基本出发点。”建成社会主义现代化强国，实现中华民族伟大复兴，是中国人民的最高利益和根本利益，党领导人民进行的一切斗争，归根结底都是为了实现这一伟大目标，经过100多年奋斗，我们比历史上任何时期都更接近、更有信心和能力实现中华民族伟大复兴。进入新发展阶段，中国与世界已经深度互动融合、国内大局与国际大局相互交织，中国发展离不开世界，世界发展也离不开中国，中国改革发展对世界的影响、世界形势变化格局调整对中国的影响都在不断加深，推进中国式现代化，实现中华民族伟大复兴战略全局处于关键时期、当今世界正经历百年未有之大变局，“两个大局”密切关联、深度互动成为当代中国谋事之基。

实现中华民族伟大复兴战略总目标与世界和平发展合作的大环境大趋势高度关联、不可分割，谋划改革发展必须考虑和综合运用国际国内两个市场、国际国内两种资源、国际国内两类规则，必须严肃考量国内外环境局势发展、世界力量变化格局深刻调整，维护创造良好的发展条件和环境，抓住机遇期、应对风险挑战，唯有如此，中华民族伟大复兴才能在百年未有之大变局中一路前行。全面建成小康社会、实现第一个百年奋斗目标后，乘势而上开启全面建设社会主义现代化国家新征程、向第二个百年奋斗目标迈进，必须准确分析判断国际国内形势，认清我国发展环境正面临的深刻复杂变化。当前，经济全球化遭遇逆流，全球产业链因非经济因素面临冲击，国际经济、政治、科技、文化和安全格局等都在发生深刻调整，虽然遭遇挫折前路艰难，但各国人民和平发展、合作共赢的期待更加强烈，经济全球化的客观现实和历史潮流没有变，世界绝不可能退回到彼此封闭孤立的状态，更不会被人为故意割裂。

党的二十大对世界形势进行判断，指出：“当前，世界之变、时代之变、历史之变正以前所未有的方式展开。一方面，和平、发展、合作、共赢的历史潮流不可阻挡，人心所向、大势所趋决定了人类前途终归光明。另一方面，恃强凌弱、巧取豪夺、零和博弈等霸权霸道霸凌行径危害深重，和平赤字、发展赤字、安全赤字、治理赤字加重，人类社会面临前所未有的挑战。世界又一次站在历史的十字路口，何去何从取决于各国人民的抉择。”越是接近中华民族伟大复兴目标，往往越不会一帆风顺，越充满风险考验惊涛骇浪，越需要胸怀“两个大局”。这对各级党组织和领导干部提升领导力提出新的紧迫要求，要时刻关注国内国际联动关系、坚持国内国际统筹兼顾，机遇意识和风险意识要双增强，准确识变、科学应变、主动求变，勇于开顶风船，善于转危为机，团结带领人民朝着中华民族伟大复兴目标奋力前行；保持战略定力，全力做好自己的事，做好打持久战的准备，逐步形成以国内大循环为主体、国内国际双循环相互促进的新发展格局，奋力推进中国式现代化建设；树牢安全意识，坚持底线思维，增强忧患意识，强化风险应对，营造良好国际环境。当前国际国内不确定性因素增加，中国和全球政治经济安全环境快速变化，必须有效防范和化解前进道路上的各种风险，清醒认识各种不利因素的复杂性长期性，谋定后动、厚积薄发；坚决反对霸凌主义、强权政治，不与“新冷战”共舞，也不任其为所欲为，积极践行多边主义、倡导全球合作，提高参与全球治理能力，推动构建人类命运共同体；坚持系统观念，辩证认识和把握国内外大势，加强前瞻性思考、战略性布局、整体性推进，做好较长时间应对外部环境变化的准备；发扬斗争精神，敢于斗争、善于斗争，根据形势变化及时调整斗争策略，团结一切可以团结的力量，调动一切积极因素，不断夺取具有许多新的历史特点的伟大斗争新胜利。

（二）聚焦实现中华民族伟大复兴战略全局，着眼长远、把握大势谋划新发展阶段各项工作

凡事预则立，不预则废。我国进入新发展阶段，树牢新发展理念、推动高质量发展、构建新发展格局，推进中国式现代化，必须清醒认识世界百年未有之大变局深刻调整变化，这个关键时期党领导人民聚焦实

现中华民族伟大复兴战略全局，着眼长远、把握大势，认真谋划新发展阶段各项工作。

中国已如期实现全面建成小康社会目标，中华民族伟大复兴向前迈进了一大步，正奋力推进中国式现代化建设，我国已转向高质量发展阶段，制度优势显著，治理效能提升，经济长期向好，物质基础雄厚，人力资源丰富，市场空间广阔，发展韧性强劲，社会大局稳定，继续发展具有多方面优势和条件，同时我国发展不平衡不充分问题仍然突出，重点领域关键环节改革任务仍然艰巨，创新能力不适应高质量发展要求，农业基础还不稳固，城乡区域发展和收入分配差距较大，生态环保任重道远，民生保障存在短板，社会治理还有弱项。

推进中国式现代化，新的发展阶段、新的使命任务、新的内外环境，要求构建新发展格局，各级党组织和领导干部需要切实具备提高适应新发展格局的领导力。各级党组织和领导干部应坚定不移贯彻新发展理念，坚持和完善党领导经济社会发展的体制机制，为实现高质量发展提供根本保障；应坚定不移推进全面深化改革，进一步扩大开放，实现发展的规模、速度、质量、结构、效益、安全相统一。当前，单边主义、保护主义、逆全球化涌动，国际正常贸易投资往来和全球产业链遭到破坏，国际投资贸易大幅萎缩，国际市场需求低迷，不稳定性不确定性很大，世界经济面临的很多问题也是中长期的，更需要加快释放国内需求、激发国内大循环活力，打通各种淤点、堵点，畅通经济循环。根据党的二十大报告，中国将推进高水平对外开放，“依托我国超大规模市场优势，以国内大循环吸引全球资源要素，增强国内国际两个市场两种资源联动效应，提升贸易投资合作质量和水平”，将进一步畅通国内大循环、促进国内国际双循环、全面促进消费、拓展投资空间。形成新发展格局要坚持创新驱动发展，全面塑造发展新优势，重点是强化国家战略科技力量、提升企业技术创新能力、激发人才创新活力、完善科技创新体制机制。要以科技创新催生新动能，提升科技自主创新能力，发挥集中力量办大事的显著优势，打好关键核心技术攻坚战，突破轴承钢、芯片、光刻机等“卡脖子”技术瓶颈，不再受制于人；坚持全面深化改革激发创新活力，破除更深层次体制机制障碍，坚持和完善中国特色社会主义制度，推进国家治理体系和治理能力现代化。形成新发展格局不是要关闭开放大门，而是要以更高水平对外开放打造国际合作竞争新优势，建设更高水平开放型经济体系。2020 年 8 月，国务院印发《中国（北京）自由贸易试验区总体方案》《中国（湖南）自由贸易试验区总体方案》《中国（安徽）自由贸易试验区总体方案》《中国（浙江）自由贸易试验区扩展区域方案》，就是进一步以开放促改革、促发展、促创新，建设新阶段对外开放新高地。“十四五”时期，中国将实行更高水平对外开放，通过建设更高水平开放型经济新体制、推动共建“一带一路”高质量发展、积极参与全球经济治理体系改革等，实施更大范围、更宽领域、更深层次对外开放，依托我国大市场优势，促进国际合作，实现互利共赢。形成新发展格局要以共建共治共享拓宽经济社会新局面，完善共建共治共享社会治理体系，加强基层社会治理，更加注重社会公平正义，促进人的全面发展和社会全面进步。

（三）站在历史正确的一边，顺应世界百年未有之大变局，致力构建人类命运共同体

随着中国国力和国际影响力不断增强，抱有冷战思维、零和博弈思

想的势力竭尽全力、不择手段地遏制中国发展，以美国为首的一些国家四处宣扬“中国威胁论”，发起对中国的贸易摩擦、技术战和经济“脱钩”威胁等，中华民族伟大复兴道路上安全风险系数极大增加，世界和平发展遭受威胁，维护重要战略机遇期、营造安全和平发展环境任务艰巨。习近平总书记指出：“要高举和平、发展、合作、共赢的旗帜，统筹国内国际两个大局，统筹发展安全两件大事，牢牢把握坚持和平发展、促进民族复兴这条主线，维护国家主权、安全、发展利益，为和平发展营造更加有利的国际环境，维护和延长我国发展的重要战略机遇期，为实现‘两个一百年’奋斗目标、实现中华民族伟大复兴的中国梦提供有力保障。”没有和平，中国和世界都不会顺利发展；没有发展，中国和世界就不可能有持久和平。中国是世界上最大的发展中国家，坚定走和平发展、开放发展、合作发展、共同发展道路，中国没有搞霸权强权的历史文化基因传统，永远不称霸，不扩张，不谋求势力范围，无意跟任何国家打“冷战”“热战”。坚定不移走和平发展道路是根据时代发展潮流和我国根本利益作出的战略抉择，是中国对国际社会关注中国发展走向的回应，更是中国人民对实现自身发展目标的自信和自觉。中国共产党认清时代潮流找准方向定位，领导带领人民坚定站在历史正确的一边，坚守和平、发展、公平、正义、民主、自由的全人类共同价值，始终不渝做世界和平的建设者、全球发展的贡献者、国际秩序的维护者，坚定支持多边主义反对单边主义、霸权主义；推进大国协调和合作，深化同周边国家关系，加强同发展中国家团结合作，积极发展全球伙伴关系；坚持多边主义和共商共建共享原则，积极参与全球治理体系改革和建设，加强涉外法治体系建设，加强国际法运用，坚定维护以联合国为核心的国际体系和以国际法为基础的国际秩序；共同应对全球性挑战，积极参与重大传染病防控国际合作，推动构建人类卫生健康共同体。中国以自己的实际行动回答，面临世界百年未有之大变局的世界将向、应向何处去。

经济全球化是不可逆转的时代潮流，中国不会关起门来封闭运行，而是将形成以国内大循环为主体、国际国内双循环相互促进的新发展格局，同时致力于稳定经济全球化格局体系，找准中国在世界经济中的定位，确保全球产业链供应链稳定，坚持扩大开放，既为中国社会发展开辟空间，也为世界经济尽快恢复增添动力。中国积极倡议搭建"一带一路"平台，以中国方案给世界提供新的国际合作模式。"一带一路"倡议实施10多年来，截至2023年6月底，中国同世界上150多个国家和30多个国际组织签署"一带一路"合作文件；中国是110多个共建国家的主要贸易伙伴，与20个共建国家签署了14个自贸协议；2013年到2023年10月，中国与共建国家进出口总额累计超过21万亿美元，对共建国家直接投资累计超过2700亿美元，亚洲基础设施投资银行和丝路基金为多边经贸合作提供强劲动力。为支持多边主义，发挥联合国在国际事务中的核心作用，在第七十五届联合国大会一般性辩论上的讲话中，习近平主席宣布，中国将向联合国新冠肺炎疫情全球人道主义应对计划再提供5000万美元支持，中国将设立规模5000万美元的第三期中国—联合国粮农组织南南合作信托基金，中国—联合国和平与发展基金将在2025年到期后延期5年，中国将设立联合国全球地理信息知识与创新中心和可持续发展大数据国际研究中心。

第4章

增强政治领导力，总揽全局、协调各方

政治是统帅，是灵魂，是大局，在党和国家事业中，根本、重大、原则、方向的问题，都是政治。习近平总书记在党的二十大报告中指出，“走过百年奋斗历程的中国共产党在革命性锻造中更加坚强有力，党的政治领导力、思想引领力、群众组织力、社会号召力显著增强”。其中，政治领导力居于首位，是引擎，起着纲举目张的作用。政治领导力是一个政党最核心、最关键的能力，也是衡量一个政党领导力的重要尺度。向中国共产党学习领导力，就是要学习那种在战争年代，以毛泽东同志为核心的党中央用电台“嘀嗒嘀嗒”指挥，全党全军坚决执行，奋力夺取全国解放的强大政治领导力，就是要学习党的十八大以来以习近平同志为核心的党中央统筹国内国际两个大局，运筹帷幄、掌舵领航，战胜一系列重大风险挑战，推动党和国家事业取得历史性成就、发生历史性变革的强大政治领导力。

一

政治领导力解析

政党的政治领导力，简而言之，即政党进行政治领导的能力。政党作为政治组织，“讲政治”天经地义，进行政治领导更是顺理成章。政党的政治主张要得以实现，不外乎两条途径：一是团结领导本党成员，凝聚共识和力量；二是发动组织广大人民群众，为共同实现本党政治目标而努力。政党不论其力量大小、是否处于执政地位，都存在政治领导现象。政治领导成为政党的主要职能，政治领导力自然成为政党的核心领导力。需要指出的是，马克思主义政党“讲政治”和进行政治领导，与资产阶级政党截然不同。马克思主义政党讲政治，坚持以人民为中心，善于运用马克思主义政治科学规律去领导革命、建设、改革，善于在领导和执政实践中算“政治账”，要求任何改革、发展和治理的决策都要有政治考量，都要把人民群众的支持和认同作为根本价值取向。

首先来看“政治领导”。作为马克思主义政党，中国共产党的政治领导是多方面的。从领导对象上看，主要包含对党内（各级党组织和全体党员）的领导，以及对党外群团组织和群众的政治领导。从领导内容上看，主要是指党在把方向、谋大局、定政策、促改革中所展现的“总揽全局，协调各方”的领导作用。从领导领域上看，政治领导体现在治国理政的方方面面，包含改革发展稳定、内政外交国防、治党治国治军等所有领域。党政军民学，东西南北中，党是领导一切的。从领导方式上看，政治领导有强制性的一面，那就是所有被领导对象、所有被领导事项、所有被领导领域，在大是大非问题上都必须“讲政治”，有严格的政治纪律和政治规矩约束。但政治领导不能自主自发地发挥作用，必须通过内在的思想引领和外在的一系列制度设计和安排作保障，使党的政治主张得以贯彻，政治意志得以实现。正是由于制度建设对确保党的政治领导有至关重要的作用，党的十九大报告指出，“以党的政治建设为统领”“制度建设贯穿其中”，党的二十大报告在相关部分着重强调“健全总揽全局、协调各方的党的领导制度体系”对坚持和加强党中央集中统一领导的重要性。从领导手段上看，党的政治领导坚持人民主体地位，以正确制定政策、全党的模范工作和对人民群众耐心细致的说服教育来实现，党的领导是让人民群众心悦诚服的领导。正如毛泽东在 1940 年指出的那样：“所谓领导权，不是要一天到晚当作口号去高喊，也不是盛气凌人地要人家服从我们，而是以党的正确政策和自己的模范工作，说服和教育党外人士，使他们愿意接受我们的建议。”“绝不能以为我们有军队和政权在手，一切都要无条件地照我们的决定去做，因而不注意去努力说服非党人士同意我们的意见，并心悦诚服地执行。”民心是最大的政治，赢得民心的能力是我们党最大的政治能力、最重要的看家本领，也是我们党区别于其他政党的优良传统和巨大优势。

然后解析“政治领导力”。党的政治领导力主要就是对上述多对象、多领域、多维度、多途径的政治领导的能力。从政治领导力实施的主体即各级党组织和党员干部来看，政治领导力则具体表现为各级党组织和党员干部的政治判断力、政治领悟力、政治执行力（简称“政治三力”）。2020 年 12 月，习近平总书记在中共中央政治局召开的民主生活会上第一次提出“政治三力”，此后这一提法被多次强调，并写入党的二十大报告和党章，体现出我们党作为马克思主义政党注重讲政治的鲜明态度，彰显出以习近平同志为核心的党中央高度重视政治建设和政治领导力这个根本性建设的坚定决心。政治判断力，是以国家政治安全为大、以人民为重、以坚持和发展中国特色社会主义为本，科学把握形势变化、精准识别现象本质、清醒明辨行为是非、有效抵御风险挑战的能力。政治判断力要求领导干部善于思考涉及党和国家工作大局的根本性、全局性、长远性问题，加强战略性、系统性、前瞻性研究谋划，做到在重大问题和关键环节上头脑特别清醒、眼睛特别明亮，善于从一般事务中发现政治问题，善于从倾向性、苗头性问题中发现政治端倪，善于从错综复杂的矛盾关系中把握政治逻辑，坚持政治立场不移、政治方向不偏。政治领悟力，是对党中央精神深入学习、融会贯通，坚持用党中央精神分析形势、推动工作，始终同党中央保持高度一致的能力。政治领悟力，要求领导干部特别是高级干部对“国之大者”了然于胸，明确自己的职责定位，对中华民族伟大复兴战略全局和世界百年未有之大变局心中有数，对当前贯彻新发展理念、构建新发展格局、推动高质量发展心中有数。政治执行力，是同党中央精神对表对标，把党的路线方针政策坚决执行到位、把党中央决策部署不折不扣落实到底的能力。政治判断力、政治领悟力最终落脚在政治执行力。提高政治执行力，就是要切实践行“两个维护”，做到党中央提倡的坚决响应，党中央决定的坚决执行，党中央禁止的坚决不做，不掉队、不走偏，及时校准偏差；就是要力戒执行中的形式主义、官僚主义，树立正确的政绩观，坚决抓好党中央精神贯彻落实；就是要坚持底线思维、问题导向，既做到防患于未然，又敢于直面问题，增强斗争精神，勇于担当作为，坚决把党中央精神和上级指示落实到位。

由此可见，党的“政治领导力”是指各级党组织和党员干部不断提高政治判断力、政治领悟力、政治执行力，团结和领导全国各族人民为党的政治目标而努力的能力，是党在治国理政中把方向、谋大局、定政策、促改革等制定大政方针政策并坚决执行的能力，是党通过制度设计和安排，确保党的领导得以坚持和完善，确保党的政治意图得以实现的能力。简而言之，它是党的内部整合力、外部号召力、重大问题决策力与执行力、制度设计力等综合能力，是党在总揽全局、协调各方中体现的政治定力、政治导向和政治引领力。

在政党的所有能力中，政治领导力居于首位，具有关键的作用，是衡量政党领导力的重要尺度。正如习近平总书记指出的那样，“在领导干部的所有能力中，政治能力是第一位的”，对于一个政党而言，所有领导能力中，政治领导能力是第一位的，它关系政党的前途命运，是最核心的能力。党的政治领导力不是孤立发挥作用的，它必须同党的思想引领力、群众组织力、社会号召力等形成有机整体，共同推动实现党的政治目标。

二

党的强大政治领导力的历史经验

纵观党史、新中国史、改革开放史、社会主义发展史和中华民族发展史，一个令人叹为观止的事实，就是1921年7月中国共产党初创时，全国仅有50多名党员，经过100多年发展，截至2023年底，党员总数为9900多万名，无论在革命陷入低潮、血雨腥风的大革命时期，还是在阔步迈向社会主义现代化强国的新征程中，中国共产党作为坚强的政治力量，始终团结带领中国人民向着中华民族伟大复兴的光明前景进发，始终肩负起实现民族独立、国家富强、人民富裕的重任，始终发挥着政治引领作用，推动中国历史前行、中国社会进步。同中国历史舞台上其他政党和政治力量相比，中国共产党有着鲜明的特色和突出的优势。

中国共产党强大的政治领导力，靠的是指导思想的科学性和人民性。政治领导首先是思想的领航，中国共产党坚持以马克思列宁主义为指导。马克思列宁主义是科学的世界观和方法论，揭示了人类社会发展规律。马克思列宁主义是无产阶级和人类解放的思想理论，指引着人们改造世界的实践行动，是不断创新发展与时俱进的理论，始终站在时代最前沿。毛泽东思想、邓小平理论、“三个代表”重要思想、科学发展观和习近平新时代中国特色社会主义思想，是马克思列宁主义中国化的理论飞跃和创新成果，闪耀着马克思列宁主义的科学性、真理性和人民性光辉，是党领导全国各族人民进行革命、建设、改革的指导思想。同时，以马克思列宁主义为指导的先进政党的最高价值标准和实践追求，就是全心全意为人民服务，这是中国共产党具有强大政治领导力的根本所在。

中国共产党的强大政治领导力，靠的是稳定、成熟、坚强的领导核心和领导集体的权威性。什么时候成熟的领导核心和领导集体形成了，什么时候党的政治领导就更加坚强有力，坚强的政治领导离不开党中央权威和集中统一领导。党史、新中国史、改革开放史告诉我们，领导人民干革命，治理大党、大国，保证团结和集中统一至关重要，权威至关重要。对于形成党的领导集体、领导核心问题，邓小平曾指出，“遵义会议以前，我们的党没有形成过一个成熟的党中央。从陈独秀、瞿秋白、向忠发、李立三到王明，都没有形成过有能力的中央。我们党的领导集体，是从遵义会议开始逐步形成的”。“任何一个领导集体都要有一个核心，没有核心的领导是靠不住的。”领导集体和领导核心是党的神经中枢和大脑，领导集体的稳定成熟以及维护核心的权威性，是党的政治领导力发挥作用的关键要素。正是确立了以毛泽东同志为核心的第一代中央领导集体，党带领中国人民完成了新民主主义革命、社会主义革命和建设的历史任务，实现了中华民族站起来的伟大飞跃。党的十一届三中全会以来，以邓小平同志、江泽民同志、胡锦涛同志为主要代表的中国共产党人，团结带领人民推进改革开放，进行中国特色社会主义现代化建设伟大实践，实现了中华民族从站起来到富起来的伟大飞跃。党的十八大以来，在新时代的伟大征程中，形成了以习近平同志为核心的党中央，这是新时代中国特色社会主义的实践必然，是全党全国人民的共同选择，是中国人民、中华民族的一大幸事。

中国共产党强大的政治领导力，靠的是重大问题的决策力与执行力。什么时候党的路线方针政策正确了，什么时候党的政治领导就英明伟大。能否顺应时代要求制定并实施正确的总路线，是时代对党的考验，也是政治领导力形成的关键。党的总路线就是基本路线，就是政治路线。党在不同时期根据形势任务变化制定了不同的总路线，相继提出了党在新民主主义革命时期的政治路线、新中国成立以后的过渡时期总路线及社会主义建设时期的总路线等。正确的政治路线引领党和国家事业不断前进。改革开放之初，党制定实行了“一个中心、两个基本点”的社会主义初级阶段基本路线，邓小平对此指出：“基本路线要管一百年，动摇不得。只有坚持这条路线，人民才会相信你，拥护你。谁要改变三中全会以来的路线、方针、政策，老百姓不答应，谁就会被打倒。”这一重大论断使党执行这一基本路线的意志更加坚定，推进改革开放的决心更加坚定，使中国用几十年时间走完了发达国家几百年才走过的发展历程。党的十八大以来，以习近平同志为核心的党中央坚定执行党的基本路线，并将其提高到党和国家的生命线、人民的幸福线的高度，坚持把以经济建设为中心作为兴国之要、把四项基本原则作为立国之本、把改革开放作为强国之路，使经济建设和改革开放始终沿着中国特色社会主义方向前进。习近平总书记提出关于改革发展稳定、内政外交国防、治党治国治军等一系列科学理论，对改革发展进行了一系列重大部署，“五位一体”总体布局、“四个全面”战略布局、新发展理念等，都是遵循党的基本路线的创造实践，丰富了党的基本路线的内涵和外延。

中国共产党强大的政治领导力，靠的是严密的组织体系。党的力量来自组织，“上面千条线、下面一根针”，靠的就是组织力量。党的全面领导和全部工作要靠坚强的组织体系去实现，把党员组织起来，把人才凝聚起来，把群众动员起来，是党组织的基本功能。党的组织分为：党的中央组织、地方组织和基层组织。中国共产党具有严密的组织体系，这是世界上任何其他政党都不具有的强大政治优势。在国家治理体系大棋局中，党中央是坐镇中军帐的“帅”，车马炮各展其长，一盘棋大局分明。党的地方组织的根本任务是确保党中央决策部署贯彻落实，有令即行，有禁即止。党的基层组织是确保党的路线方针政策和决策部署贯彻落实的基础。每个党员特别是领导干部，在党的意识和组织观念下，自觉做到思想上政治上行动上同党中央保持高度一致。从上到下建立严密体系的党组织，无论在革命、战争时期还是改革开放时期，都是一个个战斗堡垒、一面面飘扬旗帜。党通过组织体系在不同的历史时期都充分有效地发挥着领导作用。截至2023年底，中国共产党拥有基层组织500多万个。这么大一个政党在一个幅员辽阔、人口众多的最大发展中国家长期执政，如果没有严密的组织体系，党的凝聚力和战斗力就会被大大削弱，党的领导力和执政能力也会随之被削弱。毛泽东说：“加强纪律性，革命无不胜。”邓小平也指出：“我们这么大一个国家，怎样才能团结起来、组织起来呢？一靠理想，二靠纪律。组织起来就有力量。没有理想，没有纪律，就会像旧中国那样一盘散沙，那我们的革命怎么能够成功？我们的建设怎么能够成功？”习近平总书记强调：“党的力量来自组织。党的全面领导、党的全部工作要靠党的坚强组织体系去实现。”“严密的组织体系是党的优势所在、力量所在。”党的二十大报告提出“增强党组织政治功能和组织功能”，强调严明政治纪律和政治规矩，以确保党的政治领导科学民主、执行有力。

中国共产党强大的政治领导力，靠的是体制机制保障。拥有权威才能凝聚起核心力量，拥有制度才能确保党的领导稳定持久。不断坚持和完善党的全面领导制度体系，是使中国共产党持久发挥政治领导力的关键。党的十八大以来，习近平总书记高度重视坚持制度治党，重视党的全面领导体制机制建设，从坚持和完善中国特色社会主义制度、推进国家治理体系和治理能力现代化的角度使党的全面领导制度更加成熟更加定型。新时代，我们对坚持党的领导不仅在理论上有了新认识，而且在实践中有了新探索，深化党和国家机构改革，从机构职能上解决党对一切工作领导的体制机制问题，将党的领导贯彻落实到改革发展稳定、内政外交国防、治党治国治军等各个领域各个方面和各个环节，确保党始终统揽全局，协调各方。通过完善体制机制，解决党长期执政条件下，国家治理体系中党政军群的机构职能关系问题，为有效发挥中国共产党的领导提供完善有力的体制机制保障、坚定的组织基础和有效的工作体系；将坚持党的全面领导载入人大、政府、法院、检察院的组织法，载入政协、民主党派、工商联、人民团体、国有企业、高等学校、有关社会组织等的章程，健全党对这些组织实施领导的制度规定，确保其始终在党的领导下积极主动、独立负责、协调一致地开展工作。

中国共产党强大的政治领导力，靠的是一代代共产党人的政治觉悟和牺牲奋斗精神。党章第二条明确规定："中国共产党党员是中国工人阶级的有共产主义觉悟的先锋战士。"党的基层组织是党在社会基层组织中的战斗堡垒。这些表明共产党人的自我定位是先进分子，是为救人民于水火、谋国家之幸福而不惜赴汤蹈火、牺牲自我的群体。一代代中国共产党人在 100 多年顽强拼搏、浴血奋战的历程中铸造了许多彪炳史册的革命精神，形成了以伟大建党精神为源头的中国共产党人精神谱系。革命战争年代，中国共产党人铸就了伟大建党精神、井冈山精神、长征精神、延安精神、抗战精神、西柏坡精神等伟大的革命精神；社会主义建设年代，中国共产党人铸就了大庆精神、焦裕禄精神、红旗渠精神、雷锋精神、“两弹一星”精神等；改革开放年代，中国共产党人铸就了特区精神、抗洪精神、载人航天精神、抗震救灾精神、伟大抗疫精神等。这些伟大精神极大丰富了革命文化和社会主义先进文化内涵，激励、影响和感召着全国各族人民在党的带领下为实现中华民族伟大复兴的中国梦而不懈奋斗！2019 年 3 月 22 日，习近平主席在会见意大利众议长菲科时被问及一个问题：“您当选中国国家主席的时候，是一种什么样的心情？”习近平主席回答道：“我将无我，不负人民。我愿意做到一个‘无我’的状态，为中国的发展奉献自己。”“我将无我，不负人民”很快传扬开来。以“无我”的工作状态成就人民之幸福，这就是新时代中国共产党人思想境界、精神觉悟、政治立场的生动写照，这种感召力和人格魅力是党赢得民心、赢得未来的最深沉的精神力量。

三

提高党的政治领导力是推进强国建设、民族复兴的必然要求

党的二十大为我们擘画了以中国式现代化全面推进中华民族伟大复兴的宏伟蓝图。新征程是充满光荣和梦想的远征，我们只有不断坚持完善党的全面领导，不断增强党的政治领导力，团结带领全党全国各族人民踔厉奋发、勇毅前行，才能将党的二十大擘画的宏伟蓝图变为现实，在新时代新征程创造令世人刮目相看的新的更大奇迹。

（一）增强政治领导力是当前应对复杂的国内外环境所必需的

新时代新征程，世界百年未有之大变局加速演进，中华民族伟大复兴进入关键时期，矛盾风险挑战之多、治国理政考验之大都前所未有。在国内挑战上，我国发展不平衡、不充分问题仍然突出，创新能力还不适应高质量发展的要求，城乡区域发展和收入分配差距较大，民生保障还存在短板等，是推进中国式现代化必须解决的难题。在国际上，国际环境日趋复杂，不稳定性、不确定性明显增加，世界进入了动荡变革期，单边主义、霸权主义和贸易保护主义对世界和平与发展构成了严重威胁等。习近平总书记指出：“当前和今后一个时期，我们在国际国内面临的

矛盾风险挑战都不少，决不能掉以轻心……如果防范不及、应对不力，就会传导、叠加、演变、升级，使小的矛盾风险挑战发展成大的矛盾风险挑战，局部的矛盾风险挑战发展成系统的矛盾风险挑战，国际上的矛盾风险挑战演变为国内的矛盾风险挑战，经济、社会、文化、生态领域的矛盾风险挑战转化为政治矛盾风险挑战，最终危及党的执政地位、危及国家安全。”越是艰难越需要党的坚强领导，重大问题的解决更加凸显党的政治领导的重要。只有增强党的政治领导力，才能穿越风雨、保持定力，中国经济这艘巨轮才能在惊涛骇浪中劈波斩浪、行稳致远。

（二）增强政治领导力是提升党的建设质量的重要环节

中国特色社会主义进入新时代，党团结带领人民进行伟大斗争、推进伟大事业、实现伟大梦想，就必须以改革创新精神全面推进党的建设新的伟大工程。党的十八大以来，以习近平同志为核心的党中央坚持党要管党、全面从严治党，把党的政治建设摆在更加突出位置，形成了鲜明政治导向，消除了党内存在的严重政治隐患，推动党的政治建设取得重大历史性成就。同时也要看到，一些党组织和党员干部忽视政治建设、淡化政治建设、不讲政治的问题时有发生。党内存在的很多问题，都同政治问题有关，管党治党上的“宽松软”根子上是政治上的“宽松软”，必须通过进一步加强党的政治建设、增强党自身的政治领导力来有效解决这些问题。加强党的建设、增强党的政治领导力，就是要把党的政治建设摆在首要位置，从根本上解决党内存在的思想不纯、政治不纯、组织不纯、作风不纯等问题，使党始终具有崇高的政治理想、高尚的政治追求、纯洁的政治品质，严明政治纪律和政治规矩，永葆党的先进性和纯洁性，聚焦党的政治属性、政治使命、政治目标、政治追求，坚定政治信仰、强化政治领导、提高政治能力、净化政治生态，实现全党团结统一、行动一致。以党的政治建设为统领进行党的建设，就是把政治标准、政治要求贯穿党的思想建设、组织建设、作风建设、纪律建设以及制度建设和反腐败斗争，始终以政治上的加强推动全面从严治党向纵深发展，引领带动党的建设质量全面提高。

（三）增强政治领导力是强化党的全面领导的必然要求

中国共产党是执政党，党的领导是全面领导，首要的是政治领导。旗帜鲜明讲政治是我们党作为马克思主义政党的根本要求，当前新的历史条件下，党的政治领导力建设在继承党建优良传统的同时，又有新的时代特点。

一是突出统领性。党的十九大报告把党的政治建设摆在党的各项建设的首位，以政治建设为统领，把政治标准和政治要求贯穿党的思想建设、组织建设、作风建设、纪律建设以及制度建设和反腐败斗争始终。以政治上的加强，推动全面从严治党向纵深发展，引领带动党的建设质量全面提高，尤其将确保“两个维护”作为党的建设首要任务，使全党坚定执行党的政治路线，严格遵守政治纪律和政治规矩，在政治立场、政治方向、政治原则、政治道路上同党中央保持高度一致。党的政治领导力和政治建设的统领性、首要性是新时代的党建密码，是确保新时代中国共产党凝聚起最强大领导力的关键要素。

二是突出系统性。提升党的政治领导力是系统工程，党对政治领导力的认识和如何增强政治领导力，经过100多年锤炼后，已形成一套比较成熟的理论体系和实践操作体系。2019年1月，中共中央办公厅印发《中共中央关于加强党的政治建设的意见》，提出从4个方面加强党的政治建设：坚定政治信仰，必须坚持马克思主义指导地位，坚持用习近平新时代中国特色社会主义思想武装全党、教育人民，夯实思想根基；坚持党的政治领导，必须坚持和加强党的全面领导，完善党的领导体制，改进党的领导方式，承担起执政兴国的政治责任；提高政治能力，必须进一步增强党组织政治功能，彰显国家机关政治属性，发挥群团组织政治作用，强化国有企事业单位政治导向，不断提高党员干部特别是领导干部政治本领；净化政治生态，必须把营造风清气正的政治生态作为基础性、经常性工作，浚其源、涵其林，养正气、固根本，锲而不舍、久久为功，实现正气充盈、政治清明。提升党的政治领导力，是一项重大艰巨的政治任务，必须从多方面入手，采取系统有力的措施方能见效。

三是突出风险性。当前，复杂的国际国内环境中风险性、斗争性明显加强，如何有效管控政治风险，任凭风浪起，稳坐钓鱼船，带领全国人民于危机中育新机，于变局中开新局，成为检验政治领导力的试金石。领导拥有14亿多人口的社会主义发展中大国，党既要政治过硬，也要本领高强。开展脱贫攻坚、打赢蓝天碧水保卫战、坚决开展反分裂反干涉重大斗争、抗击新冠疫情等，党在迎接一次次风险挑战中创造新辉煌，也锻造了更加富有强大政治领导力的马克思主义执政党。

四是突出实效性。党的政治领导绝不是空洞宽泛或者虚化的，而是落到实处、贯穿各项建设中的，体现在改革发展稳定、内政外交国防、治党治国治军等各领域的方方面面。党的政治领导既有宏观上的把方向、谋大局、促改革，又有微观上的抓各项举措，将党的主张落到实处，见到成效。当前和今后一个时期，如何构建新发展格局、推动高质量发展、全面深化改革开放、实现高水平科技自立自强、全面推进乡村振兴、巩固和增强经济回升向好态势、增进民生福祉、保持社会稳定等，这些推进中国式现代化建设的重要方面也是检验党的政治领导力的试金石。

四

以政治建设为抓手，不断增强党的政治领导力

增强政治领导力必须落实到自觉维护核心的行动中，必须以政治建设为抓手，坚持和加强党的全面领导，推进全面从严治党向纵深发展，落实到具体工作事务中，不断提高党的执政能力和领导水平，提高总揽全局、协调各方的能力，巩固党带领中国人民实现中华民族伟大复兴中国梦的领导核心地位。

（一）做到“两个维护”是关键

党中央是大脑和中枢，党中央必须有定于一尊、一锤定音的权威，这样才能“如身使臂，如臂使指，叱咤变化，无有留难，则天下之势一矣”。坚决维护习近平总书记党中央的核心、全党的核心地位，坚决维护党中央权威和集中统一领导，保证全党令行禁止，是党和国家前途命运所系，是全国各族人民根本利益所在。

增强党的政治领导力，首先要把政治建设放到首位，关键是增强“四个意识”，坚定“四个自信”，坚决做到“两个维护”。各级党组织既要从思想上政治上组织上做到坚决维护习近平总书记党中央的核心、全党的核心地位，坚决维护党中央权威和集中统一领导，将之作为检验政

治建设水平的重要标尺，作为衡量各级党组织政治领导力的根本标准，更要结合本地区、本部门、本单位的实际情况，把党中央决策部署一以贯之地落实到位，这是检验各级党组织是否把政治建设放到首位、是否坚决做到“两个维护”的重要标准和体现。对于广大党员干部而言，最重要的就是强化“四个意识”，确保在思想上政治上行动上始终同以习近平同志为核心的党中央保持高度一致。做到“两个维护”，不仅要有原则性，深刻领会中央意图、大政方针政策的核心要义和本质要求；还要有结合实际的创新性，有锐意进取的精神风貌，结合实际创造性推动工作，用创新的思维、开拓进取的作为，将中央的决策部署落地生根。

（二）提高“政治三力”为要义

增强政治领导的本领，就是要坚持战略思维、创新思维、辩证思维、法治思维、底线思维，不断提高政治判断力、政治领悟力、政治执行力，胸怀“国之大者”，对党忠诚、听党指挥，为党尽责，科学制定和坚决执行党的路线方针政策，确保党始终总揽全局、协调各方。

不断提高各级党组织和党员干部的政治判断力，就是要明了维护政治安全这个政治大局，站稳以人民为中心的政治立场，坚定坚持和发展中国特色社会主义这个政治方向。各级党组织和党员干部要善于从政治上看待问题、分析事物，保持对形势变化的敏感性，做到一叶知秋、见微知著，透过现象看本质，避免被假象迷惑，防止一叶障目；练就在任何情况下都能“不畏浮云遮望眼”“乱云飞渡仍从容”的本领；提升应对“四大考验”“四种危险”的能力，不断提高党的建设科学化水平；在大是大非面前保持冷静清醒，坚持正确的立场方向，坚持党的领导和社会主义制度不动摇。我们正在进行的改革是有方向、有立场、有原则的，不能走改旗易帜的邪路，在这个问题上绝不能有任何迷惑和动摇，这也是各级党组织、党员干部必须练就的最为重要的政治本领。

不断提高各级党组织和党员干部的政治领悟力，就是要提高政治站位，强化责任意识，知责于心、担责于身、履责于行；要坚持及时跟进学、系统深入学、联系实际学，读懂、领会党中央精神，做到理解党中央精神全面准确，把握形势意图冷静客观；要善于把党中央精神和所在部门单位的实际结合起来，用党中央精神精准指导实际工作；要时刻保持看齐意识，自觉积极地同党中央保持高度一致，一切工作都必须围绕党中央决策部署来进行。

不断提高各级党组织和党员干部的政治执行力，就是要经常同党中央精神对表对标，及时校准偏差，向党的理论和路线方针政策看齐，向党中央决策部署看齐；要坚持明确的底线意识，决不能触碰、践踏和逾越那些事关道路方向、战略全局、前途命运的原则界限；要强化风险意识，增强政治敏锐性和政治鉴别力，对容易诱发政治问题特别是重大事件的敏感因素、苗头性问题，一定要时刻保持高度警惕；要坚持问题导向，不回避矛盾，不掩盖问题，下大力气解决制约发展的瓶颈和问题，增强狠抓落实的本领，切实提高落实的效果。

（三）严密组织体系是基石

组织体系是我们党的肌体的“骨骼”和“神经网络”，决定着党的生命和党的力量。组织严密是我们党的光荣传统和独特优势，是党栉风沐雨、历经坎坷，不断从胜利走向胜利，发展成为世界第一大执政党的重要保证。

严密组织体系，就是要增强各级党组织的政治功能，将贯彻落实党的大政方针政策作为各级党组织最重大的政治任务、最紧要的中心工作，统一领导、统一指挥、统一行动，以更严作风、更实举措把党中央决策部署落实落地。严密组织体系，就是要坚持民主集中制原则，保证全党形成良好的政治局面。始终以民主集中制作为组织原则和领导制度并不断细化完善，既充分发扬党内民主、保障党员民主权利以激发全党活力，又坚持正确集中、维护党中央权威和集中统一领导以统一全党行动，把党员权利与组织权威、个人自由与纪律约束、个性与党性有机结合。严密组织体系，就是要全面落实全面从严治党要求，严明政治纪律和政治规矩，增强全党遵规守纪意识，强调党章在党内法规体系中管党治党总规矩的地位，健全党内法规，将党的纪律建设作为“治本之策”，坚决维护党内纪律规矩的权威性和严肃性，确保全党步调一致。

（四）动员和组织人民是靠山

中国共产党来自人民、植根人民，始终坚持一切为了人民、一切依靠人民，得到了最广大人民衷心拥护和坚定支持，这是中国共产党领导力和执政力的广大而深厚的基础，人民是党执政的最大底气。作为执政党，增强政治领导力，就是要在新时代不断提高宣传、教育、组织人民群众的能力，团结带领好全国人民，凝聚起实现中华民族伟大复兴中国梦的强大力量。

团结动员和组织人民，首先，要坚持全心全意为人民服务的根本宗旨，始终坚持以人民为中心的价值追求，时刻把人民利益放在第一位，这是党赢得人民群众衷心拥护和坚定支持、增强政治领导力的基础。其次，要动员和组织好人民群众，广大基层党组织和党员干部要做党中央政策的宣传员、正能量的传播者，要着眼于新时代和新发展阶段、新发展理念、新发展格局，善于运用互联网技术和信息化手段，创新群众工作体制机制和方式方法，组织广大人民群众坚定不移跟党走，使党中央的决策部署在人民群众中生根、落地、入心。最后，各级党员干部要继承党的优良作风，吃苦奉献冲锋在前，时刻以党员模范带头作用使人民群众感受到党组织、党员就在身边，更加深切地体会到党是一心为民的党，更加深切地体会到中国特色社会主义制度的优越性，使党在人民群众心中的形象更加高大，从而坚定跟党走的决心和选择。

（五）坚持和完善党的全面领导的体制机制是保障

当今中国，如果哪个领域、哪个方面、哪个环节缺失或弱化了党的领导，就会削弱党的力量，损害党和国家事业。党的领导是推进国家治理体系和治理能力现代化的根本保证，同时党的全面领导也需要完善的体制机制作保障，才能确保在国家治理体系大棋局中党始终是领导核心力量。不断完善党的集中统一领导的机制体制，是确保始终沿着中国特色社会主义方向前进，确保党的领导全面、系统、整体的重要保证。

党的十八大以来，以习近平同志为核心的党中央把保证全党服从中央、维护党中央权威和集中统一领导作为党的政治建设的首要任务，陆续制定或修订了一批重要的党内法规，从制度上保证党的领导全覆盖，保证党中央集中统一领导更加坚强有力。中央有关部门建立完善贯彻落实党中央决策部署的任务分工、督促检查、情况通报、监督问责等制度机制，推动各地区各部门深入学习贯彻习近平新时代中国特色社会主义思想，抓好党中央决策部署贯彻落实和习近平总书记重要指示批示落地见效。党的二十大报告指出，“健全总揽全局、协调各方的党的领导制度体系，完善党中央重大决策部署落实机制”。党中央重大决策部署落实机制是我们党在长期实践中形成的维护党中央权威和集中统一领导的制度机制之一，是坚持和加强党的全面领导的重要制度安排。新时代新征程，我们要以更好维护党中央权威和集中统一领导为着眼点，完善党中央重大决策部署落实机制，确保全党在政治立场、政治方向、政治原则、政治道路上同党中央保持高度一致，确保党的团结统一，不断在创造新辉煌中提高政治领导力。

第5章

增强思想引领力，理论武装、统一思想

党的思想引领力，主要体现为党推进理论创新并用创新理论武装头脑、统一思想、指导实践、抵御错误思潮的能力。思想引领力展现的是一个政党的软实力，影响甚至决定着党的战斗力和凝聚力。随着中国特色社会主义进入新时代，社会主要矛盾发生转变，错误思潮时有流传，许多前所未有的新情况、新问题和新挑战日益凸显。中国共产党作为长期执政的马克思主义政党，是推进现代化建设的核心领导力量，必须对这些现实挑战作出回应。全党要统筹中华民族伟大复兴战略全局和世界百年未有之大变局，深刻认识我国社会主要矛盾变化带来的新特征新要求，深刻认识错综复杂的国际环境带来的新矛盾新挑战，增强机遇意识和风险意识，立足社会主义初级阶段基本国情，保持战略定力，办好自己的事，在引领经济社会发展、批判错误思潮的过程中不断提升党的思想引领力。实践表明，思想引领力在党的领导力体系中居于基础地位。提升思想引领力，对凝聚全民价值共识、推进新时代各项工作、引领中国特色社会主义迈上新台阶具有重大的现实意义。

一 增强党的思想引领力的重大意义

历史和实践证明，思想走在行动之前，就像闪电走在雷鸣之前一样。中国特色社会主义进入新时代，国际国内环境深刻变化，各种社会思潮相互激荡，面临的挑战和矛盾更加纷繁复杂。我们党要团结带领全国各族人民奋力实现中华民族伟大复兴的中国梦，比历史上任何时候都更需要增强思想引领力。

（一）增强思想引领力是马克思主义政党建设的本质要求

马克思主义政党之所以是人类历史上最先进的政党，一个重要因素就在于其指导思想的先进性。列宁指出，“没有革命理论，就不会有坚强的社会党，因为革命理论能使一切社会党人团结起来，他们从革命理论中能取得一切信念，他们能运用革命理论来确定斗争方法和活动方式”。马克思主义是实践基础上革命性与科学性相统一的科学理论，深刻揭示了人类社会发展演变的内在规律，彰显出科学思想的巨大力量。一个真正的马克思主义政党，只有不断增强思想引领力，才能使马克思主义理论的思想伟力充分迸发，真正使党更加适应实践、时代和人民的要求。

（二）增强思想引领力是国际共产主义运动跌宕起伏实践的深刻启示

列宁指出："没有革命的理论，就不会有革命的运动。"长期以来，马克思主义在实践中引领推动了国际共产主义运动的发展。回望国际共产主义运动的风雨历程，既有社会主义从理论到制度、从一国到多国的辉煌胜利，也有苏联解体、东欧剧变等严重曲折。历史是一面镜子，一些在社会主义国家执政的共产党因误读甚至背弃马克思主义，放任错误思想在党内和社会上影响渗透而导致自身思想引领力弱化，是导致国际共产主义运动跌宕起伏、遭遇重大挫折的重要因素。坚持国际共产主义运动正确方向，永葆社会主义制度生机活力，必须增强马克思主义政党的思想引领力。

（三）增强思想引领力是中国共产党百年奋斗历史经验的总结

思想是行动的指南，只有思想上同心同德，才能目标上同心同向、行动上同心同行。历史和现实都表明：一个社会，没有共同的精神支柱和思想共识，是很难推动发展和保持稳定的。统一思想是我们做好一切工作的前提，是我们党取得事业成功的根本保证，是党和国家的事业健康发展的有力支撑。习近平总书记在主持十八届中央政治局第四十三次集体学习时指出，回顾党的奋斗历程可以发现，我们党之所以能够不断历经艰难困苦创造新的辉煌，很重要的一条就是我们党始终重视思想建党、理论强党，坚持用科学理论武装广大党员、干部的头脑，使全党始终保持统一的思想、坚定的意志、强大的战斗力。

1930 年 1 月 5 日，毛泽东针对红四军第一纵队司令员林彪的右倾悲观思想，给他写了复信（即《星星之火，可以燎原》），在信中批评了那种不愿做艰苦工作创建农村革命根据地的错误倾向，指出只有中国工农红军和红色区域的建立和发展，才是半殖民地中国农民斗争的最高形式和促进全国革命高潮的最重要因素，星星之火必将燎原。那种先争取群众然后再举行全国武装起义夺取政权的理论，是与中国革命的实情不适合的。毛泽东在这封信中，总结各个革命根据地的经验，发展了“工农武装割据”思想，开始形成了以农村包围城市、在农村地区先建立和发展红色政权，待条件成熟时再夺取全国政权的关于中国革命道路的思想。这是对马克思列宁主义关于武装夺取政权理论的重大发展，也是党的思想引领力在革命斗争领域的鲜活例证。

建党 100 多年来，我们党始终高举马克思主义伟大旗帜，坚持用马克思主义中国化时代化成果武装全党，坚持发挥党员干部的先锋模范作用，不断在解放思想中统一思想，真正凝聚起了全党全国各族人民万众一心的磅礴力量。历史证明，正是由于我们党始终重视增强思想引领力，才确保了全党思想上高度统一、政治上清醒坚定、行动上坚决有力，才确保了全国各族人民与党同心同德、同向同行，并在党的团结带领下共同创造了令世界刮目相看的中国奇迹。

（四）增强思想引领力，是解决思想意识领域问题的现实需要

我国处于社会主义初级阶段和社会全面转型时期，思想意识领域还

存在鱼龙混杂现象：有些人受封建主义思想影响，不信马列信鬼神，不信法治信权力，不讲民主只讲等级特权，不讲政治原则只讲庸俗关系，不求公共价值只顾个人私利，做两面人，潜规则问题突出；有些人受资本主义腐朽思想侵蚀，崇尚极端个人主义、享乐主义、拜金主义，钱权交易盛行；有些人理想信念淡薄，缺乏共产主义远大理想和中国特色社会主义共同理想，缺乏斗争精神和牺牲精神，忘记了共产党人的初心和使命；有些人只看到问题看不到成绩，只看到现象看不到本质，只看到眼前看不到长远，悲观失望，消极无为，甚至发牢骚讲怪话，传播负能量；有些人总认为外国的月亮比中国圆，惯用西方理论评判国内事务，使我国思想政治领域出现各种噪声。我们应充分认识到，马克思主义具有强大生命力，始终是我们党的指导思想，但必须同当代中国发展的具体实际相结合才能放射出真理光芒；中国特色社会主义文化是我国的主流思想文化，也不断进行着自我完善和发展创新。当前，还有许多社会现象需要科学解释，还有许多社会问题需要妥善解决。因此，全党必须坚持与时俱进理论品质，高度重视理论创新，增强理论自信和战略定力。习近平总书记强调，必须把马克思主义作为看家本领，以更宽广的视野、更长远的眼光来思考把握未来发展面临的一系列重大问题，不断提高全党运用马克思主义分析和解决实际问题的能力，不断提高运用科学理论指导我们应对重大挑战、抵御重大风险、克服重大阻力、解决重大矛盾的能力。

二

党的思想引领力的内涵和特征

思想建设是党的基础性建设，党始终重视思想理论的创新，始终重视思想理论在治国理政中的作用。我们党把马克思主义基本原理同中国具体实际相结合，不断完善和发展党的思想理论，实现了指导思想的与时俱进。毛泽东思想、邓小平理论、“三个代表”重要思想、科学发展观、习近平新时代中国特色社会主义思想，这些在继承中发展、在发展中创新的思想理论都起到了引领时代、指明方向、坚定信念、统一思想、凝聚力量的作用。这不仅是我们党独特的领导方式和治理方式，更是我们党的优势和特色。

（一）党的思想引领力的本质内涵：解放思想与统一思想

解放思想要打破原来旧思想束缚，为推进改革、实施政策扫除思想障碍。正如邓小平所说：“解放思想，开动脑筋，实事求是，团结一致向前看，首先是解放思想。只有思想解放了，我们才能正确地以马列主义、毛泽东思想为指导，解决过去遗留的问题，解决新出现的一系列问题，正确地改革同生产力迅速发展不相适应的生产关系和上层建筑，根据我国的实际情况，确定实现四个现代化的具体道路、方针、方法和措施。”解放思想的重点在于破除旧思想，统一思想的重点在于让人们接受新思想。只有统一思想，才能统一行动，形成巨大合力，加快改革进程，实现政策目标。改革开放成功的法宝之一就是有效实现了思想的解放与统一。

（二）党的思想引领力的主要内容：理论创新与理论武装

解放思想需要进行理论创新，没有创新的理论就没有思想解放的可能。习近平总书记强调，理论必须同实践相统一。实践基础上的理论创新是社会发展和变革的先导。坚持创新在我国现代化建设全局中的核心地位，通过理论创新推动制度创新、文化创新、科技创新等各方面的创新，不断在实践中探索前进，这是我们党要长期坚持的治国之道。统一思想需要进行理论武装，没有理论武装的过程就没有思想统一的可能。因此，理论创新、理论武装是解放思想和统一思想的手段，解放思想和统一思想是理论创新和理论武装的目的。

（三）党的思想引领力的基本特征：创新性与实践性

具有引领力的“思想”应该有什么样的特征？答案无疑是有创新性与实践性。创新性是指思想理论要与时俱进；实践性是指思想理论不仅来源于实践，还要指导实践。时代是思想之母，实践是理论之源。统揽“四个伟大”是当代中国最具时代特色的伟大实践，需要全党牢牢把握我国发展进入新时代的历史方位，站在新的起点上勇于推进实践基础上的理论创新。实践没有止境，理论创新也没有止境。当今时代变化和我国发展的广度和深度超乎想象，我们事业发展遇到的新情况新问题也超乎想象，这就需要我们在实践上大胆探索和开拓、在理论上不断突破和创新。没有创新性和实践性的思想理论是不可能具有引领力的。

三

新时代增强党的思想引领力的基本途径

增强新时代党的思想引领力，就要提升党的思想创造力、思想传播力、思想疏导力和思想转化力，推动中国特色社会主义理论创新，深刻回应新时代的新矛盾、新情况和新问题，引领人们的思想行为和社会实践不断向前发展。只有不断增强新时代党的思想创造、传播、疏导、转化的能力，才能进一步提升新时代党的思想引领力，使党成为团结带领人民始终走在时代前列的先进政党。

（一）充分发挥党的理论引领作用，加强思想理论创新，切实增强新时代党的思想创造力

第一，深化理论研究，提高说服力。

理论只有讲得透彻才能够说服人，只有彻底的理论才能够彻底说服人。而理论只有说服人，才能掌握群众。提高党的思想引领力，必须深化党建理论研究，以理论上的彻底来说服人，来掌握广大人民群众，让“真理的味道非常甜”。1920 年春的一天，一个人在家里奋笔疾书，他母亲在外面说：“你吃粽子要蘸红糖，吃了吗？”他说：“吃了吃了，甜极了。”母亲进门一看，儿子正在埋头写书，嘴上全是墨汁。原来他蘸错了，没蘸旁

边的红糖，却把粽子蘸墨汁吃了，而他浑然不觉，还说，“可甜了，可甜了”。这人是谁呢？他就是陈望道。他当时在浙江义乌的家里，潜心翻译《共产党宣言》。于是，他就此说了一句话：真理的味道非常甜。理论研究只有透彻了才能散发出“甜味”，才能迸发出说服力。

要深化党建理论研究，以党建理论研究服务于党的建设实践，做到党的建设哪里有困惑，哪里就有党的建设研究；党的建设哪里有盲点，哪里就有党的建设研究；党的建设哪里有新情况，哪里就有党的建设研究。

一方面，要坚持党的建设研究的问题导向。针对党的建设中面临的新情况、新问题、新挑战开展研究，善于捕捉真问题。例如，党内政治文化建设问题、规范党内政治生活问题、净化党内政治生态问题、提升党的建设质量问题、提高党的长期执政能力问题、增强党的执政本领问题，都是与党的建设中存在的问题相伴而生的。

另一方面，要着力对党的建设中的基础性根本性问题展开研究。例如，党的先进性建设问题、思想建党的问题，关乎党的前途命运的一系列重大问题等都是事关党的建设的根本性基础性的大问题。党建研究必须在这些问题上做足功夫、有所作为，回应党的建设的重要关切，满足党的建设理论指引的现实需要。

第二，创新党的思想理论，增强其自身魅力。

实践永无止境，理论创新也永无止境。理论跟不上实践的发展，理论就会僵化，就会失去活力和吸引力。创新是马克思主义保持旺盛生命力的根源，也是党的思想理论保持持久魅力的密码。思想是行动的先导，指引着行动方向。中国共产党自成立之初起就十分重视思想建设，将思想引领作为生存发展的重要支撑。历史反复证明，正是因为党始终基于世情、国情和党情发展自己的理论，才能在革命、建设、改革各个阶段发挥巨大的思想引领作用，带领中国人民在古老的东方大地上不断创造奇迹。可见，党的思想理论能够起到引领作用，大力推进理论创新是先决条件。

首先，创新党的思想理论必须坚持和发展马克思主义。中国共产党 100 多年奋斗历程充分表明，没有马克思主义的科学指引，我们党就不可能赢得革命、建设、改革的重大胜利，也无法保持旺盛生机与新鲜活力。

马克思主义是提升党的思想引领力的源头活水，是指引中国发展进步的旗帜。我们党的理论创新是在马克思主义指导下、在中国特色社会主义成功实践基础上推进的马克思主义中国化时代化的理论创新。如果丢弃马克思主义，中国共产党就丢失了根本，就丧失了“批判的武器”，就可能重蹈东欧国家和苏联的覆辙。但是，坚持马克思主义并非拘泥于马克思主义字句文本，而是要秉持与时俱进的精神品质，做到守正与创新相统一。新时代新征程，中国共产党人要用好马克思主义这个看家本领，就必须以当下中国面临的现实问题为中心，结合新的时代特征和新要求，不断开辟马克思主义中国化时代化的新境界，不断增强党的创新理论的魅力。

其次，创新党的思想理论要坚持问题导向。问题是创新的起点，也是创新的动力源。习近平总书记在党的二十大报告中强调:“问题是时代的声音，回答并指导解决问题是理论的根本任务。今天我们所面临问题的复杂程度、解决问题的艰巨程度明显加大，给理论创新提出了全新要求。我们要增强问题意识，聚焦实践遇到的新问题、改革发展稳定存在的深层次问题、人民群众急难愁盼问题、国际变局中的重大问题、党的建设面临的突出问题，不断提出真正解决问题的新理念新思路新办法。”只有聆听时代的声音，回应时代的呼唤，认真研究解决重大而紧迫的时代问题，才能真正把握历史脉络，找到发展规律，推动理论创新。马克思主义认为：“理论只要说服人，就能掌握群众；而理论只要彻底，就能说服人。所谓彻底，就是抓住事物的根本。”当前，我国最突出、最亟待解决的矛盾是发展不平衡不充分的问题。对此，我们党作出积极回应，提出要“认识和把握发展规律，发扬斗争精神，树立底线思维，准确识变、科学应变、主动求变，善于在危机中育先机、于变局中开新局，抓住机遇，应对挑战，趋利避害，奋勇前进”。相反，如果不能站在时代前沿对这些新挑战、新矛盾、新问题、新斗争进行探索、回答和指导，就不能推进理论创新，也难以发挥理论对实践的引领和指导作用。为此，必须以新时代伟大实践为基础，以新时代面临的前所未有的挑战为导向，在深刻把握时代脉搏的基础上，进行深入的理论探索和创新，为党的思想引领力的提升奠定坚实基础。

最后，创新党的思想理论要坚持人民立场。“过去的一切运动都是少数人的，或者为少数人谋利益的运动。无产阶级的运动是绝大多数人的，为绝大多数人谋利益的独立的运动。”人民利益至上是马克思主义最鲜明的政治立场，只有体现人民意志、符合人民利益的创新理论才能满足人民需要，才能得以实现。越能够充分满足人民需要的理论，实现的程度越彻底。反之，不能满足人民需要的理论只能束之高阁，无法实现。理论不是无源之水，它源于人民群众的生动实践。我们党始终践行“人民群众是历史的创造者”的历史唯物主义观点，始终保持同人民群众的血肉联系，各项路线方针政策也都基于人民需要来制定，不仅在实践上做到权为民所用、执政为民，而且坚持用理论为人民群众发声，为维护广大人民群众的根本利益鼓与呼，做到用理论服务群众。

（二）加强思想宣传和舆论引导，牢牢掌握意识形态领导权，切实增强党的思想的吸引力

第一，牢牢掌握意识形态工作领导权。始终加强党对意识形态工作的全面领导，旗帜鲜明坚持党管意识形态、党管宣传、党管媒体，服务党和国家做好稳预期、稳思想、稳人心工作，建设具有强大凝聚力和引领力的社会主义意识形态。大力推进传播手段建设和创新，瞄准摸透全媒体时代的特点和规律，充分利用新技术创新媒体传播方式，发挥党报党刊、电视广播、网络传播的作用，真正把科学理论的真理优势转化为领航引向的话语优势。要坚决打赢网络意识形态斗争主动仗，加强互联网建设管理运用，推动互联网这个“最大变量”释放“最大正能量”。

第二，探究党的思想传播规律，加大普及力度。一个政党的兴旺发达，离不开思想文化的宣传与引导。中国共产党之所以能够形成强大的思想引领力，关键就在于党自诞生之日起就非常重视思想理论的传播，并将其贯穿党的发展壮大乃至走向全国执政全过程。党的思想本身是科学的、先进的和彻底的，从某种程度上讲，党的思想的传播范围和辐射范围越广，党的思想引领力就越强。

进入新时代，我国社会主要矛盾发生了变化，党的思想理论也随实践发展而发生变化，党的思想传播方式也应当与时俱进。因此，党要探究思想传播规律并借助一定的方式对其进行普及和宣传，从而增强党的思想传播的针对性，达到“四两拨千斤”的功效。

首先，党的思想传播要遵循大众化传播规律。由于不同阶层、年龄、

职业的人群认知需求不同，接受新思想的能力也有差异，因此，在传播思想理论时要根据不同传播对象的利益诉求，灵活采取多样的方式或渠道对其进行差异化传播和分级引领。党员干部是重点群体，起示范引领作用。党员尤其是领导干部要自觉用习近平新时代中国特色社会主义思想武装头脑，自觉防范和抵制错误思潮。同时，要用政治纪律和规矩规范和约束党员行为，及时纠正其错误思想倾向。具有一定号召力和影响力的非主流媒体或个人，在思想引领中起桥梁作用。一些有影响力的人物，往往在某一阶层、范围、领域、社会群体中具有较大号召力，要畅通他们的意见表达渠道，鼓励他们客观解读政策，理性分析热点焦点问题，使其成为党的重要舆论引导队伍。人民群众基数庞大，是思想传播的主要客体。由于年龄、职业、受教育程度、文化水平等结构差异，对各种群体要采取有针对性的传播方式。例如，针对青年群体采取漫画和短视频方式；针对中老年群体采取发放报纸、宣传手册的方式；针对文化水平高的人采取新媒体方式；针对文化水平低的人采取传统的新闻、广播等方式。总之，要精准识别其理论需求的侧重点，采取其乐于接受的方式，以达到事半功倍的效果，从而加大党的思想普及力度。

其次，党的思想传播要遵循媒体传播规律。传播渠道的选择对传播效果具有重要影响。在传统媒体时代，电视、报纸、广播、书籍等载体是信息传播主渠道，是党的思想传播主要渠道。随着科技进步和网络普及，以互联网、微信、微博为代表的新媒体开始成为思想传播的生力军。例如，新华网专题“学习进行时”和新华社“学习强国”App就以图文并茂、内容简短、信息更新迅速的优势积累了无数用户。相较于传统媒体，新媒体的传播速度更快、传播覆盖面更广，更具备互动功能，能够满足个性需求，更有助于扩大党的思想传播受众范围。新时代提升党的思想引领力，必须坚持传统媒体和新媒体融合发展，线上线下联动，以确保良好的思想传播效果。

最后，党的思想传播要遵循话语表达规律。话语是思想的语言呈现，党的思想要想得到广泛传播，就必须遵循话语表达规律，真正把科学理论的真理优势转化为领航引向的话语优势。如果思想的语言表达是晦涩难懂的，人民群众不明白，那么党的思想传播就没有实效性，更谈不上具有引领力。毛泽东在广州农民运动讲习所传授理论时就经常旁征博引，比喻、拟人、排比等手法随处可见，语言风格诙谐幽默、形象生动、言简意赅，由此党的思想传播效果显著。新时代，加大党的思想普及力度就必须面向大众、立足实践，多用接地气的话语、形象的事例来传播思想理论，让党的思想入耳、入脑、入心。

第三，批判错误思潮，优化党的思想传播氛围。意识形态属于思想领域的核心问题，关乎党的执政根基的稳定。毛泽东指出："凡是要推翻一个政权，总要先造成舆论，总要先做意识形态方面的工作。"20 世纪 80 年代末 90 年代初，苏联解体、东欧剧变就是最好的印证。思想文化阵地，马克思主义、无产阶级的思想不去占领，各种非马克思主义、非无产阶级的思想甚至反马克思主义的思想就会去占领。苏联共产党放松对意识形态的管控，为西方的意识形态渗透提供了可乘之机，各种错误的思想纷纷侵入人们的思想意识，为苏联共产党和苏联的瓦解埋下地雷。我们党深刻汲取苏联解体、东欧剧变的教训，加强意识形态方面的工作。总体来说，我国马克思主义、社会主义主流意识形态占据主导地位，但随着改革开放的深入推进和经济社会的转型发展，各种思想文化交流交锋日益频繁，以历史虚无主义、"普世价值"论为代表的错误思潮，使意识形态领域斗争日趋复杂化。如果不对这些错误思潮进行管控与治理，消除其消极影响，就无法为党的思想传播营造一个良好氛围，就无法建设具有强大凝聚力和引领力的社会主义意识形态。

首先，推动源头治理，消除错误思潮产生的现实根基。“观念的东西不外是移入人的头脑并在人的头脑中改造过的物质的东西而已。”也就是说，思想状况及其变化源于社会现实。社会存在决定社会意识，社会思潮必定源于现实。随着改革持续深入，贫富差距扩大、分配不公等现实境况造成人们对社会现实产生一些不满，这为错误思潮的产生与传播提供了空间。别有用心的集团和个人纷纷“开药方”“下诊断”，污蔑和嘲讽中国特色社会主义事业的发展，这严重阻碍了党的思想引领力的发挥。为此，必须直面这些现实问题，以改革促发展促进步，推进国家现代化建设，如破除体制机制弊端，打破利益藩篱，调整利益关系；优先发展农业农村，全面推进乡村振兴，坚持把解决好“三农”问题作为全党工作重中之重，走中国特色社会主义乡村振兴道路，全面实施乡村振兴战略；实现“两不愁三保障”目标后，做好巩固拓展脱贫攻坚战成果同乡村振兴有效衔接，以不断满足人民日益增长的美好生活需要，铲除错误思潮滋生的土壤。

其次，加强网络治理，切断错误思潮的网络传播途径。随着互联网普及，错误思潮也将网络作为重要进攻“阵地”，由传统的单一线下传播转为线下和线上协同发力。网络空间因其开放、共享、匿名、碎片化、表象化等特点，极易成为错误思潮聚集地辐射地。西方国家通过互联网向中国传播西方意识形态和错误思潮，企图制造网络舆论混乱，消解中国主流意识形态。习近平总书记多次强调，过不了互联网这一关，就过不了长期执政这一关。要确保互联网可管可控。因此，我们党必须增强网络执政本领，加强对网络空间的技术监管和依法治理，对于不符合主流意识形态导向的网站和个人账号坚决取缔和关闭，切断错误思潮的网络传播途径。可以培养一批网络“大 V”和具有影响力的新媒体作为党和政府的代言人，引导其发挥正能量，多方联动共同营造风清气正、凝聚社会主义核心价值观的网络空间。

最后，坚定文化自信，繁荣发展文化事业和文化产业，提高国家文化软实力，提高抵御错误思潮的能力。文化自信是一个国家、一个民族发展中更基本、更深沉、更持久的力量。改革开放 40 多年来，随着西方思潮和价值观念的涌入，错误思潮沉渣泛起，给中国文化安全带来诸多挑战。我们必须坚持马克思主义在意识形态领域的指导地位，坚定文化自信，坚持以社会主义核心价值观引领文化建设，坚定对优秀传统文化、革命文化和社会主义先进文化的自信，利用文化潜移默化的特质将党的思想嵌入文化体系中，围绕举旗帜、聚民心、育新人、兴文化、展形象的使命任务，通过增强文化自信抵御错误思潮的干扰破坏。我们要凝聚人民的思想和价值共识，以社会主义核心价值观涵养文化自信，提升其自觉抵御西方腐朽价值观渗透和错误思潮干扰的能力，以优化党的思想传播氛围，更好地维护意识形态安全，从而更好地发挥党的思想引领力。

（三）推进马克思主义大众化，用党的指导思想武装群众

思想引领力最重要的任务和体现，就是用科学理论武装群众，改变人民的精神世界和精神状态，从而通过创造性实践来改变世界。马克思主义本质上是人民的理论。习近平总书记在党的二十大报告中强调：“我

们要站稳人民立场、把握人民愿望、尊重人民创造、集中人民智慧，形成为人民所喜爱、所认同、所拥有的理论，使之成为指导人民认识世界和改造世界的强大思想武器。”只有坚持以人民为中心的发展思想，永远保持对人民的赤子之心，把人民对美好生活的向往作为奋斗目标，我们党的创新理论才能深入人心，党的思想引领力才能真正激发起人民为创造幸福生活而奋斗的强大力量。做好新时代的教育引导工作，增强党的思想引领力，在思想建设上既要狠抓“源头”更要勇立“潮头”，在教育引导上既要依靠“灌输”更要注重“渗透”，在党的建设上既要严格“自觉”更要勇于“觉人”。

第一，在思想建设上既要狠抓“源头”更要勇立“潮头”。增强党的思想引领力，思想建设是基础。在思想建设上不抓“源头”，就会成为无源之水、无本之木；不勇立“潮头”，就会脱离实际，沦为本本主义。狠抓“源头”的关键是巩固和加强马克思主义研究。尤其是要深刻感悟和把握马克思主义真理力量，更好地运用马克思主义观察时代、解读时代、引领时代，真正搞懂面临的时代课题，深刻把握世界历史的脉络和走向。勇立“潮头”的关键是用习近平新时代中国特色社会主义思想武装全党。习近平新时代中国特色社会主义思想，蕴含了新时代中国共产党人的理想信念、人民立场、务实作风、历史担当、创新精神及科学方法，全体党员要注重读原著、学原文、悟原理，准确把握这一思想的重要论断、重要观点、重要表述、重要部署，进一步增进政治认同、思想认同、理论认同、情感认同。

第二，在教育引导上既要依靠“灌输”更要注重“渗透”。增强党的思想引领力，教育引导群众是关键。在教育引导的方式方法上，要坚持“灌输”与“渗透”相结合。列宁指出，工人本来也不可能有社会民主主义的意识。这种意识只能从外面灌输进去。新时代，尤其要注重提高“灌输”的效果，一方面，要创新形式，从“小切口”入手，选择群众的身边事，结合群众最喜欢的小品、歌舞、相声等文艺形式，传授鲜活生动的科学真理。另一方面，要尊重群众的主体地位，变传统的单向灌输为互动平等的话语共建，融合“互联网 +”，将教育引导群众的“一时一地”拓展为“随时随地”。“渗透”同“灌输”相比，弱化了强制性，强化了人的能动性。新时代，大多数群众的日常生活并不直接面对理论，因而即使彻底的理论也还要经过转化才能被大多数人所接受。社会主义核心价值观就是促进这种转化的有效桥梁，它与人们的生活经验、情感体验等直接联系，同时把不同的价值选择和人生道路鲜活地摆在了每个人面前，促使人们去思考、追问和探索，从而提升了真实的理论需求。因此，以党的指导思想为统领，紧紧围绕社会主义核心价值观的培育、渗透，教育引导群众就不会与实际生活、利益诉求脱节。为此，还要通过法治建设、民生保障等措施，努力营造公平正义的社会环境，不断增强人民群众获得感、幸福感、安全感，促进人的全面发展和社会全面进步。

第三，在党的建设上既要严格“自觉”更要勇于“觉人”。增强党的思想引领力，党的建设是根本。政党的先进性具有形而上的抽象性和概括性，必须具体化为每一位党员先锋模范作用的充分发挥。所谓“自觉”，就是党员干部要不断提高自身的马克思主义理论修养。理论清醒是信仰坚定的前提，党员干部只有通过加强学习，才能深刻认识人类社会发展规律、坚定共产主义信仰、确立马克思主义世界观人生观价值观，并终其一生为此信仰奋斗到底。所谓“觉人”，就是党员干部要切实担负起“一名党员一面旗帜”的使命。要始终牢记党员的第一身份，虚心向人民群众学习，同时以革命精神不知疲倦地教育人民群众，启发与提高人民群众的觉悟。

增强党的思想引领力关乎中国特色社会主义事业和中华民族伟大复兴的成败，是新时代赋予党的重大使命。党的思想引领力的增强必须坚持用马克思主义指导全局，传承红色精神推进党群文化建设，深化智库建设推动理论创新，密切联系群众，用党的先进理论引领群众思想。增强党的思想引领力必须做到：不断推进理论创新，坚定党员群众的理想信念；加强理论武装的科学指导，提升引领群众思想的成效；增强理论武装工作的针对性、有效性，真正把科学理论的真理道义优势转化为领航引向的话语优势，让创新理论激荡出更加鼓舞人心的前进力量。

第 6 章

增强制度建设力，改革创新、完善发展

“没有规矩，不成方圆。”制度在国家治理体系中起着根本性、全局性、长远性的作用，实现党和国家长治久安，必须依靠制度的保障。回顾 100 多年发展历程，我们党之所以能取得举世瞩目的伟大成就，很大程度上在于拥有强大的制度建设能力，体现在成功探索创立了中国特色社会主义制度。进入新时代，我们党带领广大人民群众踏上全面建设社会主义现代化国家新征程，完善发展制度既是现代化的题中应有之义，也是实现现代化的根本保障，这对我们党的制度建设力提出了更新更高的要求。

一

制度建设力是执政党的首要领导力

制度是社会体系构成和运行的基础。在现代政党政治体制内，执政党的领导行为不能脱离制度轨道，更不能凌驾于制度之上。制度的选择、构建和完善是执政党领导力的重要体现。

（一）制度建设力是执政党领导力的重要组成部分

执政党的领导力是指党的各级组织和各级领导干部的领导力，以及党作为一个先锋队组织在整个国家政治系统中的影响力和带动力。实现全面建成社会主义现代化强国的第二个百年奋斗目标，关键在于党的领导。习近平总书记在党的二十大报告中指出："坚决维护党中央权威和集中统一领导，把党的领导落实到党和国家事业各领域各方面各环节，使党始终成为风雨来袭时全体人民最可靠的主心骨，确保我国社会主义现代化建设正确方向，确保拥有团结奋斗的强大政治凝聚力、发展自信心，集聚起万众一心、共克时艰的磅礴力量。"党是领导一切的，党的领导力从构成来讲主要有六个方面：一是制度运行力，即坚持和发展中国特色社会主义制度的能力；二是战略决策力，即制定大政方针、提出立法建议、推荐重要干部等的能力；三是社会动员力，即通过党的组织系统和强有力的思想政治工作系统，动员全党和全社会的力量，齐心协力实现党提出的纲领、路线和方针政策的能力；四是资源配置力，使各类资源发挥最大效能的能力；五是统筹协调力，通过“总揽全局、协调各方”这种新的领导方式，协调各级组织，统筹推进“五位一体”总体布局、协调推进“四个全面”战略布局的能力；六是组织保障力，即通过全面从严治党、净化政治生态，不断增强党的组织性和组织力的能力。从运行机理来看，一个执政党首先要有理论的创新，然后在理论的指导下设立制度，运用于实践，最后产生效能。对于执政党来说，不管执政愿景如何宏大、执政理念如何先进，最终都要靠制度管理所属组织和人员活动。可以说，制度是连接理论与实践的桥梁，没有制度，理念就成了空想。从效果上看，制度作为明确的、硬性的、权威的规定和要求，还具有规范、保障、引领的作用和要求，比思想上政治上行动上的一般要求更过硬更有效。综合来看，制度建设力是执政党领导力的重要组成部分。

（二）制度建设力关系政党领导力的强弱

制度，从广泛意义上看，就是规则、规矩、规章。制度是社会的基本构成要素，是现代国家治理的根本依据和内核。在现代国家治理体系内，执政党治理国家的一切工作和活动都依照制度展开。制度的质量高低，在很大程度上决定着社会发展的方向、速度和质量。习近平总书记在庆祝改革开放 40 周年大会上的讲话中深刻指出：“制度是关系党和国家事业发展的根本性、全局性、稳定性、长期性问题。”一段时期以来，不少人把党的建设存在的问题简单归结为党员素质问题，很少从制度上找原因，认为只要进行思想教育、作风整顿、组织处理就能解决问题，结果忽略了抓住制度这个根本因素，常常是扬汤止沸。世界现代化发展进程的历史表明，制度建设力是政党领导力的核心能力，也是衡量政党领导力强弱的关键指标。制度建设力强，政党领导力就强，国家就会走向繁荣发展；制度建设力弱，政党领导力就弱，国家就会走向衰败没落。20 世纪初，通过十月革命一举跨越“卡夫丁峡谷”，苏俄率先在世界上建立社会主义制度，成为历史上第一个社会主义国家，展现出旺盛生机和活力，快速完成国家工业化，成为世界强国。然而，自 20 世纪 70 年代以后，苏联社会主义制度优势逐步丧失，苏联模式走入“死胡同”，埋下了亡党亡国的制度祸根。从我国社会主义建设历程来看，发生“文化大革命”严重错误，重要原因也在于社会主义制度体系还不完善不健全。总之，制度管长远和根本，制度建设的好与坏关系党运国运，制度建设力是政党领导力的核心要素。

（三）提升制度建设力是增强政党领导力的关键之举

习近平总书记在党的二十大报告中指出，“中国特色社会主义最本质的特征是中国共产党领导，中国特色社会主义制度的最大优势是中国共产党领导，中国共产党是最高政治领导力量，坚持党中央集中统一领导是最高政治原则”。党的领导是中国特色社会主义的内在要求。实现中华民族伟大复兴中国梦的关键在于坚持党的领导，这对党的领导力提出了更高的标准和要求。习近平总书记在《关于〈中共中央关于坚持和完善中国特色社会主义制度、推进国家治理体系和治理能力现代化若干重大问题的决定〉的说明》中深刻指出，“相比过去，新时代改革开放具有许多新的内涵和特点，其中很重要的一点就是制度建设分量更重，改革更多面对的是深层次体制机制问题，对改革顶层设计的要求更高，对改革的系统性、整体性、协同性要求更强，相应地建章立制、构建体系的任务更重。新时代谋划全面深化改革，必须以坚持和完善中国特色社会主义制度、推进国家治理体系和治理能力现代化为主轴，深刻把握我国发展要求和时代潮流，把制度建设和治理能力建设摆到更加突出的位置”。这就说明，新时代加强党的建设、增强党的领导力关键在于提升党的制度建设力，必须以制度建设力的提升推动党的领导力的增强，最终实现伟大事业的前进。从现实看，我们党在统筹推进“五位一体”总体布局、协调推进“四个全面”战略布局中，遇到一些矛盾和问题。正如党的十九届五中全会审议通过的《中共中央关于制定国民经济和社会发展第十四个五年规划和二〇三五年远景目标的建议》指出的：“创新能力不适应高质量发展要求，农业基础还不稳固，城乡区域发展和收入分配差距较大，生态环保任重道远，民生保障存在短板，社会治理还有弱项。”从深层次上看，以上这些问题还是普遍发生、带有一定规律性的问题，要求我们从制度机制上查找漏洞、补足短板。当前，在制度建设上还存在不足：一些重要领域和关键环节还存在制度空白，有些问题存在已久，但解决问题的制度没有及时建立，跟不上形势发展需要；一些制度缺乏针对性和可操作性，原则过于宽泛，缺少具体实施措施；一些制度缺乏系统性和配套性，不能有效发挥作用；不少制度没有得到很好的执行，存在重制定、轻执行现象。解决这些问题，需要大力加强制度建设力，不断推动制度优势转化为治理效能，以制度建设力的提升夯实党的领导力的基础。

二

党的制度建设力的培育

制度建设力是中国共产党自成立以来推动和加强党的建设的核心环节，回顾100多年来党的制度建设力培育的历史路径，不同时期表现出不同的特点、不同的形式，与具体任务相联系、与时代条件相关联，呈现继承性与创新性相统一的发展脉络。

（一）新民主主义革命时期，党依靠坚强有力的制度纪律孕育领导力

制度随着党的诞生而诞生，随着革命发展而发展。革命战争年代，党的制度从无到有，不断完善成熟，党正是依靠坚强有力的制度、牢固坚定的纪律孕育形成党的领导力。在新民主主义革命时期，党通过制度化加强党的建设，以制定、颁布和执行各项规定、条例、决议规范党的建设。1921年党的一大通过《中国共产党第一个纲领》和《中国共产党第一个决议》，从制度、规定和纲领层面规范了党的纪律，明确了党的目标，提出了党的任务，确立了党的制度领导的源头和根基。1922年召开的党的二大通过《中国共产党章程》，建构党的制度总框架，从战略、全局和总体上明确了党的制度建设的总要求、总准则，为推进党的制度领导力建设奠定了重要基础。之后，党的制度建设与革命任务相

结合、相统一，与革命形势和党的建设相协调、相一致，在形式和内容上不断推陈出新成熟完善。比如，党的选举制度、组织结构等方面取得了重要进展，初步形成了党的定期会议制度、工作报告制度、监察制度、党费制度等。1929 年，《中国共产党红军第四军第九次代表大会决议案》从加强党和军队制度建设着手，提出“思想建党”“政治建军”的政治主张，着眼从制度层面纠正党内错误思想，通过一系列规定规范党的政治生活，推动制度领导力建设不断发展。

（二）社会主义革命和建设时期，党加强符合实际的制度建设凸显领导力

新中国成立后，中国共产党成为在全国范围内执政的政党，党领导一切的总要求，决定了制度建设的必然和制度化建设的趋向。这一时期，党的法规制度不断完善，制度建设进入成熟时期。党总结制度建设经验教训，结合世情、国情、党情的变化，关注制度建设科学性，推动制度建设新探索、新发现，逐步建立起党的制度体系。

从制度层面加强党的领导，增强党的制度领导力。1951 年中国共产党第一次全国组织工作会议通过的《关于整顿党的基层组织的决议》规定的共产党员标准的八项条件，成为党员标准的制度规定；1954 年党的七届四中全会通过的《关于增强党的团结的决议》对党的高级干部提出了明确要求，成为加强党内民主、促进党内团结的基本规范；1954 年中共中央制定的《关于处分党的组织及党员的批准权限和手续的规定》、中共中央批准的中央纪律检查委员会《关于处理控告、申诉案件的若干规定》、1955 年制定的《中共中央监察委员会工作细则》及 1962 年党的八

届十中全会通过的《关于加强党的监察机关的决定》等，分别从党规党纪的层面形成制度化管理规范，为增强党的制度领导力提供了必要条件。

从严肃党内政治生活层面建章立制，巩固党的执政之基。1950 年 2 月颁布实施《中央纪律检查委员会工作细则》，从制度上规范了党的纪律检查工作；1956 年八大党章科学化、制度化的特点明显，对党员、党组织作出了详细要求，提出了具体规范，指出了民主集中制的原则和标准，加强了党内民主建设，增强了党的制度领导力。从新中国成立到改革开放前，党的反腐倡廉制度虽受到一些不利因素干扰，但仍取得了长足进步，完成了从无到有、从不成熟到成熟的飞跃发展，开展并加强反腐倡廉建设，整治党内腐败问题，净化党内政治生态，巩固了党的执政之基，增强了党的制度领导力。这一时期党的制度建设也受到“反右倾”影响，民主集中制在一定程度上受到干扰、遭到破坏，党的制度建设出现了停滞现象。

（三）改革开放和社会主义现代化建设新时期，党推进具有时代特点的制度体系建设增强领导力

邓小平指出，“制度是决定因素”。“领导制度、组织制度问题更带有根本性、全局性、稳定性和长期性。这种制度问题，关系到党和国家是否改变颜色，必须引起全党的高度重视。”新时期，制度建设力成为党和国家建设的重中之重，成为增强党的领导力的关键因素。

随着改革开放大幕开启，制度建设纳入重要议事日程，以党章为遵循，以增强党的执政能力为目标，以党的先进性建设为要求的一系列党内法规相继出台，成为增强党的制度领导力的基本保障。党相继制定并

实施《关于党内政治生活的若干准则》《中国共产党党员权利保障条例（试行）》《中国共产党纪律处分条例（试行）》等一系列党内法规制度，对党的纪律作出了具体规定，提出了明确要求，对于党的作风建设发挥了重要作用，同时推进牵引党的制度建设迈上规范化、科学化、系统化轨道，党的制度建设更加成熟更加完善。

通过党的制度建设，解决与改革开放环境不相适应的问题成为关键。

党的十三大之后，党开启了从严治党和制度化建设的新实践。民主集中制成为党的制度建设总要求，在民主集中制基础上，干部选拔机制、选人用人制度、党的监督制度、党内通报制度和党的干部民主评议制度等相继建立起来。党的十六大以后，党突出制度建设重要作用，着眼制度领导效能，先后制定实施了《中国共产党纪律处分条例》《中国共产党党员领导干部廉洁从政若干准则》《中国共产党党内监督条例（试行）》等一系列党内法规制度，最大限度发挥制度建设力和领导力的综合效用。2009 年，党的十七届四中全会重点提出：坚持和完善党的领导制度、完善干部选拔任用机制、健全干部管理机制、健全权力运行制约和监督机制、推进反腐倡廉制度创新等一系列党的制度，党内制度法规体系更为充实完善。

（四）中国特色社会主义新时代，党创新发展制度建设重构领导力

党的十八大以来，制度建设作为新时代推进中国特色社会主义发展的重要内容不断得以充实完善。

以加强党的建设为例，一方面突出强调法规制度科学化。法规制度建设是全面从严治党的核心要素和关键驱动力。法规制度是管党治党、强党兴党的重要保障和必备工具，用制度的力量进行自我约束、自我提升，是党的建设成功经验。党的十八大以来，我们党在加强法规制度建设上取得了创新性成果，以规范、修订现存法规制度为中心，对现存法规文件进行清理、重构，重点解决部分法规制度落后于时代、落后于党的建设发展的问题。2016 年党的十八届六中全会通过了《关于新形势下党内政治生活的若干准则》，从制度层面提出了具体准则要求，以解决新时代党内政治生活的问题。着重推动党内法规制度的体系化、科学化，出台和实施系列党内法规制度。2017 年中共中央印发《关于加强党内法规制度建设的意见》，从战略和全局视域，统筹和谋划新时代党内法规的制度建设。党内法规制度体系所重塑的新框架、新体系符合新时代党的建设的总体布局，契合新时代法规制度建设的基本内容，保障了党的制度建设力的充分发挥。

另一方面，制度反腐机制长效化。党的十八大以来，从中央八项规定的出台到无禁区、全覆盖、零容忍惩治腐败，我们党在推进制度反腐上出台了一系列新举措，形成了不敢腐、不能腐、不想腐的有效机制。通过建立健全组织协调机制，加强同司法、审计等相关部门有效配合，强化合力意识，共同反腐，以制度推动机制，带动反腐败体制机制的长效化。2015 年，《中国共产党巡视工作条例》正式颁布，从制度和行动两个层面扎牢反腐的笼子，党内巡视的制度化和规范化，成为党制度反腐的重要环节和增强制度领导力的重要增长点。2021 年 12 月 24 日，中共中央发布《中国共产党纪律检查委员会工作条例》，对纪检工作作出全面规范。

三

新时代制度建设力创新发展意义重大

中国特色社会主义进入新时代，实现“两个一百年”奋斗目标、深入推进改革开放、应对各类风险挑战，需要通过中国特色社会主义制度自我完善和发展、推进国家治理体系和治理能力现代化来实现。

（一）实现“两个一百年”奋斗目标的重大任务

党的十八大重申“两个一百年”奋斗目标。党的十九大作出到21世纪中叶把我国建成社会主义现代化强国的战略安排，其中制度建设和治理能力建设的目标是：到2035年，“各方面制度更加完善，国家治理体系和治理能力现代化基本实现”；到21世纪中叶，“实现国家治理体系和治理能力现代化”。党的二十大提出了“全面建设社会主义现代化国家新征程、向第二个百年奋斗目标进军”的鲜明目标和奋斗主题。

改革开放以来，在中国特色社会主义事业总体布局中，我们党对制度建设的重视一以贯之，制度创新的探索从未止步。1992年，邓小平在南方谈话中提出：“恐怕再有三十年的时间，我们才会在各方面形成一整套更加成熟、更加定型的制度。”党的十四大报告明确提出：“在九十年代，我们要初步建立起新的经济体制，实现达到小康水平的第二步发展目标。再经过二十年的努力，到建党一百周年的时候，我们将在各方面形成一整套更加成熟更加定型的制度。”此后，历届党的全国代表大会都对制度建设和国家治理能力提出要求。党深刻认识到，制度化是现代化国家的一个重要特征，是国家治理现代化的基本要求和本质特征。

党的十八大以来，党把制度建设摆在更加突出位置，十八届三中全会首次将“完善和发展中国特色社会主义制度，推进国家治理体系和治理能力现代化”作为全面深化改革的总目标。党的十九大进一步明确了制度建设的战略安排，将其纳入“两个一百年”奋斗目标之中。党的十九届三中全会指出，必须加快推进国家治理体系和治理能力现代化，努力形成更加成熟更加定型的中国特色社会主义制度，这是摆在我们党面前的一项重大任务。党的十九届四中全会审议通过的《中共中央关于坚持和完善中国特色社会主义制度、推进国家治理体系和治理能力现代化若干重大问题的决定》，用 13 个显著优势系统总结了我国国家制度和国家治理体系的制度优势，用 13 个坚持和完善全面部署了推进制度建设的重大任务和举措，明确提出要“坚持和完善中国特色社会主义制度”。其中，“坚持”体现制度自信，“完善”体现改革创新，“坚持”为“完善”指明方向，“完善”则为“坚持”提供依托，二者辩证统一、不可分割。党的十九届五中全会对“十四五”时期经济社会发展主要目标和 2035 年基本实现社会主义现代化远景目标进行设计规划，其中不少是对党的制度建设提出了更高的要求，比如，“建成现代化经济体系”“社会主义市场经济体制更加完善，高标准市场体系基本建成”“公平竞争制度更加健全，更高水平开放型经济新体制基本形成”“公共文化服务体系和文化产业体系更加健全”“多层次社会保障体系更加健全，卫生健康体系更加完善”“国家行政体系更加完善”“防范化解重大风险体制机制不断健全”。应该说，我们在全面建设社会主义现代化国家的新征程上更加聚焦制度建设。党的十九届六中全会强调了党的领导制度、党的纪律和监督制度、党的组织制度的重要性，并提出了加强党的制度建设的总体要求，为巩固和发展中国特色社会主义制度、推进党的建设新的伟大工程提供了重要遵循和指导。党的二十大报告强调，“把我国制度优势更好转化为国家治理效能”。党的领导是中国特色社会主义最本质的特征，是中国特色社会主义制度的最大优势。要坚持党的全面领导，加强党对国家和社会的全面领导，确保党始终成为中国特色社会主义事业的核心力量。

（二）推进深化改革开放的根本要求

改革开放以来，我们坚持以经济建设为中心，不断深化经济体制改革，生产力获得空前解放。在此进程中，党根据改革开放实践逐步健全社会主义市场经济体制，形成以公有制为主体、多种所有制经济共同发展的基本经济制度，按劳分配为主体、多种分配方式并存的分配制度以及充分发挥市场决定性作用、更好发挥政府作用的资源配置方式，同时社会主义文化体制、社会体制、生态文明体制、民生保障、社会治理等方面的一系列重要制度也日趋完善。与时俱进的制度建设和创新，使中国特色社会主义制度体系更加成熟更加定型，有效调动了各类经济主体的积极性，充分释放了社会活力和创造力，极大增强了我国经济社会发展的韧性，创造了举世瞩目的经济快速发展奇迹和社会长期稳定奇迹。

改革开放实践是中国特色社会主义制度创新的动力，实践每进一步都会对制度创新提出新要求，并不断检验制度创新成果。与此同时，制度创新又为改革开放保驾护航，有力推动改革开放实践深入发展。坚持和完善中国特色社会主义制度，就是用法律制度形式把党在改革开放进程中的宝贵经验凝练出来、固定下来，使改革开放成果及时上升为制度，变成人们在经济生活、政治生活、文化生活和社会生活领域的行为规范与标准。改革开放 40 多年的实践证明，不断改革创新的中国特色社会主义制度具有强大生命力和巨大优越性，是我们党团结带领人民创造举世瞩目伟大成就的有力保证，也是坚定“四个自信”的基本依据。

进入新时代，改革开放具有许多新的内涵和特点，其中很重要的一点就是制度建设分量更重。新时代，改革更多面对的是深层次体制机制问题，对改革顶层设计的要求更高，对改革的系统性、整体性、协同性要求更高，相应地，建章立制、构建体系的任务更重。因此，习近平总书记指出：“新时代谋划全面深化改革，必须以坚持和完善中国特色社会主义制度、推进国家治理体系和治理能力现代化为主轴，深刻把握我国发展要求和时代潮流，把制度建设和治理能力建设摆到更加突出的位置，继续深化各领域各方面体制机制改革，推动各方面制度更加成熟更加定型，推进国家治理体系和治理能力现代化。”

新的历史起点上，唯改革创新者进，唯改革创新者强，唯改革创新者胜。我们必须把制度建设的不断改革创新和改革开放的深入推进统一起来，既充分认识中国特色社会主义制度的显著优势，坚定制度自信，保持战略定力，又充分认识中国特色社会主义制度还要不断加快自我完善和发展的步伐，以适应和推动改革开放的深入发展。

（三）应对风险、赢得主动的有力保证

当今世界正经历百年未有之大变局，国际形势复杂多变，改革发展

稳定、内政外交国防、治党治国治军各方面任务之繁重前所未有，我们党面临的风险挑战之严峻前所未有。从外部环境看，全球地缘政治格局呈现变局加快、乱局加深、震荡加剧的新态势。从内部动态看，我国经济进入高质量发展阶段，正处于速度变化、结构优化、动力转换的重要时期，新质生产力不断加快发展。国际国内因素相互传导带来的意识形态风险严峻化、新旧矛盾风险交织化、公共安全风险多样化等问题更加突出，可以预见和难以预见的各种“灰犀牛”事件、“黑天鹅”事件数不胜数，防范化解重大风险在金融、安全等领域依然任重道远。

打铁必须自身硬。党的十九届四中全会通过的《中共中央关于坚持和完善中国特色社会主义制度、推进国家治理体系和治理能力现代化若干重大问题的决定》指出：“战胜前进道路上的各种风险挑战，必须在坚持和完善中国特色社会主义制度、推进国家治理体系和治理能力现代化上下更大功夫。”在制度完善的社会，制度的公开性、权威性和程序性保证了社会行为的规范化和秩序化，因而可预判性强、稳定性强，具备较强的抗干扰能力和自我调整能力。事实证明，中国特色社会主义制度和国家治理体系能够保证我们党发挥自身优势、集中精力做好自己的事情，在战胜各种风险挑战的过程中始终起着基础性、关键性作用。

在新的历史起点上，以改革创新精神深入推进制度建设，是我们党有效应对风险挑战、赢得主动的有力保证。制度具有根本性、全局性、稳定性和长期性。相较于调整策略、改变方法等手段，制度建设不是着眼于零敲碎打、碎片化修补，而是从全局出发，从战略上科学研判各类风险及其成因，掌握其变化演进的基本规律，运用制度威力应对风险挑战的冲击，以制度建设确定性应对重大风险挑战不确定性。

党的十八大以来，以习近平同志为核心的党中央突出制度建设这条主线，推动中国特色社会主义制度更加成熟更加定型，使我国国家制度和国家治理体系的优势更加彰显。未来无论国际风云如何变幻，无论形势多么严峻复杂，我们都有信心以强大的制度建设力，充分发挥制度优势，有效抵御各类风险挑战，在实现中华民族伟大复兴道路上行稳致远。

四

以制度建设力的提升支撑党的领导力提高

制度建设力取决于党的建设水平，是形成党的领导力的基础，是新时代中国共产党推进制度建设的重大创新和重大课题。新时代新征程，把制度建设力作为党的领导力新的增长点，提升党和国家制度建设的科学化水平，是现实之需、当务之急。面对影响制度建设的各种因素，要坚持问题导向和系统理念，在解决问题和科学建设上寻求对策，探求答案。

（一）突出创新理念，构建科学的制度体系

制度建设是一项复杂的系统工程和具体的任务行动，必须提升制度的质量，增强制度的整体效能，强化国家法律法规与党内法规有效互动的理念，从而构建科学完备的国家制度体系，推动制度领导力有效形成。

党的十八大以来，党和国家制度体系朝着科学化方向迈进，不断丰富完善、成熟定型。提高党和国家制度建设质量，支撑党的领导力成为今后党的建设的重点难点和紧迫紧要问题。一方面，走提升质量道路，必须坚持“科学立规，民主立规，依法立规”原则。坚持破立并举，把立、改、废有机统一起来，根据党的建设要求，制定符合现实情况、符

合时代要求的体系化制度。按照科学性、系统性和完备性要求建立制度，制定完善的长效机制；按照问题意识、问题导向解决现行制度存在的问题，强化党的制度领导力。既要建立制度制定的良好环境，分析研判制度建设力的现实需求，按照科学配置资源的原则，对制度的效能进行系统评估，又要动态评估现行制度，坚持政治性、合法性、可行性的标准，实施制度立、改、废工作，确保制度的科学性，始终保持制度建设的生机活力。另一方面，必须坚持“政治性、合法性、合规性、民主性”的标准。国家法律法规和党内法规的制定是一项复杂的系统工程，其中涉及原则目标、立法技术、制定程序等多个因素。要规范制定程序、增强内容的科学性、提高执行的实效性。推动党内法规与国家法律的有效互动。党内法规和国家法律，既具有相同性，目标任务相同，又具有差异性，各自调整的对象不同。当前，党内法规建设与国家法律有机互动、有效统一还存在明显的不足与差距，要建立党内法规的制定与国家法律立法之间配合协调机制，在同步、同向和同行中达到依法治国与依规治党的完美契合。

（二）强化执行意识，维护制度至上的核心思想

执行体现制度的生命力，提高制度的执行力是增强制度领导的关键因素和核心要求。党的十八大以来，党和国家制度体系不断完善丰富，为增强制度治党、制度治国提供了必要条件和前提。增强制度的执行力，需要在执行氛围、执行程序、执行机制等方面持续推进。

第一，营造依规依法治党的执行氛围。制度执行氛围是制度执行的外在环境和客观条件，既要考察制度执行的氛围，又要综合考量整个社

会氛围，把执行环境与社会环境有机结合起来。中国特色社会主义法治建设，既需要党员干部树立法治理念和法治信仰，又需要全社会形成法治意识和法治观念，坚持法治思维和法治方式推进法规制度化建设。按照习近平总书记所提出的“领导干部要把对法治的尊崇、对法律的敬畏转化成思维方式和行为方式”“党政主要负责人要履行推进法治建设第一责任人职责”要求，推动党员干部尊法、学法、守法、用法，坚持法治思维和法治信仰，营造制度执行的良好氛围。

第二，建立完备的制度执行程序。执行程序影响制度执行力，影响制度领导力。执行程序的规范性、执行程序的具体步骤，直接影响执行的结果和效能。随着国家治理体系和治理能力现代化的提出，按照程序开展工作成为一种基本要求。对于执行程序而言，要求制度在制定中设置完备的执行程序，在实体性、具体性内容作为根本要求的基础上，规定执行程序步骤，确保各项制度“依序展开”“依规执行”。

第三，突出监督问责的执行机制。强化制度执行的监督和问责，是夯实国家治理的制度保障。党的十八大以来，《中国共产党党内监督条例》《中国共产党问责条例》的颁布实施，为监督和问责提供了法规基础和制度遵循。当前，制度执行中的监督及问责环节还存在一些不足和差距，需要建立高效、畅通的监督问责机制。一方面，注重发挥监督在制度执行中的作用。充分发挥监督的功能作用，既需要自上而下的监督，又需要平行监督和自下而上的监督，还需要通过多种形式对执行主体、执行程序、执行方式以及执行效果进行全方位、全时空、全维度的监督。同时，坚持“我们需要实行党的内部的监督，也需要来自人民群众和党外人士对于我们党的组织和党员的监督”。把党内监督与党外监督有机结合起来，加强各监督主体的配合，发挥各自的监督特点与优势，强化各自的监督职能与定位，形成监督合力，发挥监督效能。另一方面，注重发挥问责在制度执行中的作用。坚持问责倒逼制度执行的导向功能，对制度落实打折扣、不到位、不得力的行为进行问责，不能仅仅把问责作为事后追究的手段，而要按照“失责必问、问责必严”的原则推进各项制度的落地与执行。

（三）突出治理视域，增强制度自信的全新路径

党的十八大以来，党中央提出了推进国家治理体系和治理能力现代化的全新命题，增强党的制度领导力，离不开全新的治理视域。

第一，强化治理效能，增进制度自信的长效化。新中国成立 70 多年来，我们党领导社会主义建设和改革，紧紧依托社会主义制度创造了“两大奇迹”——世所罕见的经济快速发展奇迹和社会长期稳定奇迹，彰显了党的制度与社会主义制度的优越性。“两大奇迹”的创造，既从客观上证实了我国社会主义制度的优越性，又从现实上验证了我们党和国家的制度优势。实现国家治理效能的转化与优化，必须在社会主义制度“不能变”、社会主义制度“好”的前提条件下进行，这是推动治理优势转化为制度自信的必经路径。新时代新征程，党在治国理政进程中，既面临复杂的自身发展难题，又肩负推进全球治理体系变革的攻坚重担，这对彰显制度优势提出了更高更新要求。

第二，提升治理效能，彰显“中国之治”的优越性。新时代，制度优势既是一种发展优势，又是一种比较优势。党领导中国特色社会主义实践，要求把制度优势转化为理论优势和话语优势，既要以“中国之制”贡献制度方案，又要以“中国之治”助力全球治理。“中国方案”的提

出及实践，是新时代中国在制度话语上的宣传强点和治理理论上的崭新亮点。在新时代，中国特色社会主义伟大事业蓬勃发展，彰显了中国的制度优势与治理效能。

第三，强化治理效能，彰显制度优势的显性化。新中国成立 70 多年来，中国共产党紧紧依靠人民群众，取得了辉煌业绩和伟大建设成就，令国际震惊，让世界惊叹，成为世界发展的一个可借鉴的新标杆，造就了“中国之治”的繁荣，提升了中国软实力，不仅得到与中国类似的发展中国家的由衷青睐，也促使西方发达国家把“中国之制”作为案例进行研究借鉴。我国从国家制度的建立、健全到推进国家治理体系和治理能力现代化，既集中体现了党推动制度自信与对治理现代化的积极开拓，又反映了新时代中国特色社会主义彰显的独特优势。“中国之制”与“中国之治”有机结合，是党和国家顶层设计的精准施策。党的全面领导、科学的制度体系、显著的制度优势、强大的制度执行力、丰富的制度化实践、运行规范的治理体系、协调有序的效能转化，都是中国顺利实现“大治”与“善治”的成功密码，也是中国总体保持国家长治久安的制胜之道。

第 7 章

增强国家治理能力，依法治国、现代化治理

国家治理体系是在党领导下管理国家的制度体系，依法治国是党领导人民治理国家的基本方略。中国特色社会主义最本质的特征是中国共产党领导，中国特色社会主义制度的最大优势是中国共产党领导。党是最高政治领导力量，是统领党和国家事业的核心力量。提升党的领导力是推进国家治理体系和治理能力现代化的根本政治保证。

党的领导力贯通我国国家制度和国家治理体系、国家治理各种机制和国家治理效能实践之中。党的领导力支撑和落实党的领导，是决定国家治理体系和治理能力现代化能否实现的关键因素。推进国家治理体系和治理能力现代化促进提升党的领导力。坚持和完善中国特色社会主义制度、推进国家治理体系和治理能力现代化，需要依靠党的坚强领导力推动前行，同时党的领导力需要在全面建设社会主义现代化国家新的伟大实践中得到新的提升。

一

国家治理体系、国家治理能力和党的领导力

国家治理体系是在党领导下管理国家的制度体系，包括经济、政治、文化、社会、生态文明和党的建设等各领域体制机制、法律法规安排，也就是一整套紧密相连、相互协调的国家制度。

国家治理能力是运用国家制度管理社会各方面事务的能力，包括改革发展稳定、内政外交国防、治党治国治军等各个方面。

国家治理体系和治理能力是一个国家制度和制度执行能力的集中体现。国家治理体系和治理能力是一个相辅相成的有机整体，有了好的国家治理体系才能真正提高治理能力，提高国家治理能力才能充分发挥国家治理体系效能。作为治理体系核心内容的制度，其作用具有根本性、全局性、长远性，如果没有有效的治理能力，再好的制度体系也难以发挥作用。习近平总书记指出：“国家治理体系和治理能力是一个国家的制度和制度执行能力的集中体现，两者相辅相成。我们的国家治理体系和治理能力总体上是好的，是有独特优势的，是适应我国国情和发展要求的。同时，我们在国家治理体系和治理能力方面还有许多亟待改进的地方，在提高国家治理能力上需要下更大气力。只有以提高党的执政能力为重点，尽快把我们各级干部、各方面管理者的思想政治素质、科学文化素质、工作本领都提高起来，尽快把党和国家机关、企事业单位、人

民团体、社会组织等的工作能力都提高起来，国家治理体系才能更加有效运转。”

党的二十大报告明确了全面建成社会主义现代化强国的“两步走”战略安排，确定了时间表、制定了路线图，对未来几年的工作进行了科学谋划、全面部署，提出了“经济高质量发展取得新突破”“全过程人民民主制度化、规范化、程序化水平进一步提高”“居民收入增长和经济增长基本同步”“国家安全更为巩固”等8个方面的主要目标任务。党的十八大以来，以习近平同志为核心的党中央以伟大的历史主动精神、巨大的政治勇气、强烈的责任担当，推动党和国家事业取得历史性成就、发生历史性变革。在实现第二个百年奋斗目标新征程上，我们必须深刻领悟“两个确立”的决定性意义，进一步增强“四个意识”，坚定“四个自信”，做到“两个维护”。

提升党的领导力是推进国家治理体系和治理能力现代化的根本政治保证。坚持和完善中国特色社会主义制度、推进国家治理体系和治理能力现代化，是全党的一项重大战略任务。一方面，党的领导力支撑和落实党的领导，是决定国家治理体系和治理能力现代化能否实现的关键因素。另一方面，推进国家治理体系和治理能力现代化促进提升党的领导力。坚持和完善中国特色社会主义制度、推进国家治理体系和治理能力现代化，需要依靠党的坚强领导力推动前行，同时党的领导力也需要在全面建设社会主义现代化国家新的伟大实践中得到新的提升。

二

党领导人民治理国家的探索历程

新中国成立后，中国共产党领导人民开始探索建设社会主义国家，逐步建立、发展和完善了中国特色社会主义制度体系即国家治理体系。

从新中国成立到党的十一届三中全会前，确立了我国是工人阶级领导的、以工农联盟为基础的人民民主专政的社会主义国家，我国的政权组织形式是人民代表大会制度，建立了社会主义基本制度，探索了适合国情的社会主义建设道路，为当代中国发展进步奠定了根本政治前提和制度基础。1949 年 9 月 21 日，中国人民政治协商会议第一届全体会议在北平中南海怀仁堂隆重开幕，会议代行全国人民代表大会职权，通过了具有临时宪法性质的《中国人民政治协商会议共同纲领》，选举产生了中央人民政府委员会，宣告了中华人民共和国成立，规定了新中国的国体、政体，确立了中国共产党领导的多党合作和政治协商制度，确立了在统一的多民族国家内实行民族区域自治制度。1954 年 9 月 15 日至 9 月 28 日召开的第一届全国人民代表大会第一次会议，标志着人民代表大会制度在全国范围内建立，是我国社会主义民主政治建设的重要里程碑。这次会议通过的新中国第一部宪法，对人民民主专政的国家性质和人民代表大会制度的根本政治制度，对中国共产党领导的多党合作和政治协商制度、民族区域自治制度等国家基本政治制度作出了更为完备的规定。1956 年底，我国基本上完成了对农业、手工业和资本主义工商业的社会主义改造，标志着社会主义公有制形式在国民经济中占据主导地位。从此，社会主义制度在我国基本建立起来，我国开始进入社会主义初级阶段。之后，党在不断探索适合国情的发展道路以及制度建设和法制建设等方面取得重要进展。

从党的十一届三中全会到党的十八大之前，党鲜明提出走自己的路、建设有中国特色的社会主义，积极推进经济体制及其他体制改革，形成中国特色社会主义制度，不断完善国家治理，为改革开放和现代化建设提供了坚实制度保障。1978 年 12 月，党的十一届三中全会揭开了党和国家历史新篇章，是新中国成立以来我们党历史上具有深远意义的伟大转折。党的十一届三中全会标志着我国从此进入改革开放和社会主义现代化建设新时期，中国共产党从此开始了建设中国特色社会主义的新探索。改革开放 40 多年来，党带领人民积极推进经济体制、政治体制、文化体制、社会体制、生态文明体制等多方面的改革，不断完善和发展中国特色社会主义制度，国家治理体系的活力和效率不断提升。

党的十八大以来，党着眼于统筹推进“五位一体”总体布局、协调推进“四个全面”战略布局，有力推进国家治理体系和治理能力现代化。2013 年 11 月，党的十八届三中全会通过的《中共中央关于全面深化改革若干重大问题的决定》，提出全面深化改革的总目标是完善和发展中国特色社会主义制度，推进国家治理体系和治理能力现代化。2014 年 10 月，党的十八届四中全会通过的《中共中央关于全面推进依法治国若干重大问题的决定》，提出全面推进依法治国总目标是建设中国特色社会主义法治体系，建设社会主义法治国家；强调党的领导是中国特色社会主义最本质的特征，是社会主义法治最根本的保证。把党的领导贯彻到依法治国全过程和各方面，是我国社会主义法治建设的一条基本经验。2016 年 10 月，党的十八届六中全会研究全面从严治党重大问题，制定《关于新形势下党内政治生活的若干准则》，审议通过了《中国共产党党内监督条例》。会议认为，办好中国的事情，关键在党，关键在党要管党、从严治党。党要管党必须从党内政治生活管起，从严治党必须从党内政治生活严起。党的十九大对推进国家监察体制改革作出重要部署。

2018 年 2 月，党的十九届三中全会审议通过《中共中央关于深化党和国家机构改革的决定》（以下简称《决定》）和《深化党和国家机构改革方案》。《决定》指出，健全党和国家监督体系，完善权力运行制约和监督机制，组建国家、省、市、县监察委员会，同党的纪律检查机关合署办公，实现党内监督和国家机关监督、党的纪律检查和国家监察有机统一，实现对所有行使公权力的公职人员监察全覆盖。机构改革是一场自我革命，是推进国家治理体系和治理能力现代化的一场深刻变革，对于提高党的执政能力和领导水平，广泛调动各方面积极性、主动性、创造性，有效治理国家和社会，推动党和国家事业发展，都具有重大意义。

宪法只有不断适应新形势、吸纳新经验、确认新成果、作出新规范，才具有持久生命力。在党中央领导下，全国人大曾先后于 1988 年、1993 年、1999 年、2004 年、2018 年 5 次对 1982 年宪法即现行宪法的个别条款和部分内容作出必要的也是十分重要的修改。通过 5 次修改，我国宪法在中国特色社会主义伟大实践中紧跟时代步伐，不断与时俱进，有力推动和保障了党和国家事业发展，有力推动和加强了我国社会主义法治建设。自 2004 年修改宪法以来，特别是党的十八大以来，在以习近平同志为核心的党中央坚强领导下，党和国家事业取得了历史性成就、发生了历史性变革，推进中国特色社会主义进入了新时代，宪法必须随着党领导人民建设中国特色社会主义实践的发展而发展。2018年3月，十三届全国人大一次会议通过《中华人民共和国宪法修正案》，将“习近平新时代中国特色社会主义思想”写入宪法，并增加了设立国家监察机关等条款。推进国家治理体系和治理能力现代化，关键是坚持全面依法治国，首要是坚持依宪治国，2018年修改宪法是着眼于新时代坚持和发展中国特色社会主义的新形势新任务对宪法作出的适当修改，这是我国宪法发展史、中华民族伟大复兴史上具有里程碑意义的时刻。

2019年10月，党的十九届四中全会审议通过的《中共中央关于坚持和完善中国特色社会主义制度、推进国家治理体系和治理能力现代化若干重大问题的决定》，深刻阐释了坚持和完善中国特色社会主义制度、推进国家治理体系和治理能力现代化的重大意义、总体要求，对坚持和完善党的领导制度体系等13个方面制度作出安排。

2020年5月28日，十三届全国人大三次会议通过了《中华人民共和国民法典》，规定自2021年1月1日起实施，宣告中国迈入民法典时代。民法典是新中国历史上首个以“法典”命名的法律，承载着几代立法人、法律工作者乃至亿万人民的梦想。民法典的颁布水到渠成、瓜熟蒂落，为中国特色社会主义建设提供了坚强的法治保障。民法典是一部真正属于中国人民的法典，使命是打造公平正义环境。

2020年10月26日至29日，党的十九届五中全会在北京举行，全会审议通过了《中共中央关于制定国民经济和社会发展第十四个五年规划和二〇三五年远景目标的建议》。该建议提出：“国家治理效能得到新提升。社会主义民主法治更加健全，社会公平正义进一步彰显，国家行政体系更加完善，政府作用更好发挥，行政效率和公信力显著提升，社会治理特别是基层治理水平明显提高，防范化解重大风险体制机制不断健全，突发公共事件应急能力显著增强，自然灾害防御水平明显提升，发展安全保障更加有力，国防和军队现代化迈出重大步伐。”到 2035 年，“基本实现国家治理体系和治理能力现代化，人民平等参与、平等发展权利得到充分保障，基本建成法治国家、法治政府、法治社会”。

党的二十大报告指出，完善社会治理体系，健全共建共治共享的社会治理制度，提升社会治理效能，畅通和规范群众诉求表达、利益协调、权益保障通道，建设人人有责、人人尽责、人人享有的社会治理共同体。

中国共产党领导人民不断丰富国家治理体系和治理能力现代化的理论与实践，不断发展走中国特色社会主义道路的探索与实践，不断开创党领导人民治理国家的新境界，实现了政治稳定、经济发展、社会和谐、民族团结，充分彰显发挥了中国特色社会主义制度优越性。中国共产党领导全国人民朝着实现中华民族伟大复兴阔步前行。

三

全面依法治国
——党领导人民治理国家的基本方略

全面依法治国是党领导人民治理国家的基本方略之一。法治是治国理政的基本方式，建设社会主义法治国家是实现国家治理体系和治理能力现代化的必然要求，也是全面深化改革的必然要求。法治是国家治理体系和治理能力的重要依托，国家治理体系和治理能力现代化取决于中国特色社会主义制度的成熟定型程度，取决于制度的优越性能否充分展现。法律是最重要的制度形式，也是制度的最高形态。能否加快形成中国特色社会主义法治体系，把法律这套规则体系转化成治理效能，直接关系到国家治理体系和治理能力现代化的进程。

（一）全面依法治国是党领导人民治理国家的战略性抉择

“立善法于天下，则天下治；立善法于一国，则一国治。”依法治国，是党深刻总结我国社会主义法治建设经验教训作出的重大抉择，其战略地位随着中国特色社会主义事业的推进不断强化。

党的十五大提出，依法治国是党领导人民治理国家的基本方略。党的十八大以来，以习近平同志为核心的党中央协调推进“四个全面”战略布局，把全面依法治国放到“四个全面”战略布局中来把握，明确全面依法治国是坚持和发展中国特色社会主义的本质要求和重要保障，是国家治理领域一场广泛而深刻的革命，全面依法治国成为治国理政的基本方略。党的十九大报告将“坚持全面依法治国”明确作为新时代坚持和发展中国特色社会主义的 14 条基本方略之一，提升了全面依法治国在推进国家治理现代化和建设社会主义现代化强国中的基础性、支持性、引领性作用，体现了党坚定不移全面推进依法治国的意志和智慧。党的十九届四中全会从党和国家事业发展的全局和长远出发，专题研究坚持和完善中国特色社会主义制度、推进国家治理体系和治理能力现代化问题，强调坚持和完善中国特色社会主义法治体系，提高党依法治国、依法执政能力。党的十九届五中全会提出到 2035 年基本实现社会主义现代化远景目标，包括基本建成法治国家、法治政府、法治社会。党的二十大报告强调，“坚持全面依法治国，推进法治中国建设”。

（二）全面依法治国是实现国家治理体系和治理能力现代化的必然要求

“法令行则国治，法令弛则国乱。”法治是国家治理现代化的重要体现，全面依法治国涉及国家治理各个方面。2014 年 10 月，习近平总书记在《关于〈中共中央关于全面推进依法治国若干重大问题的决定〉的说明》中指出：“全面推进依法治国涉及很多方面，在实际工作中必须有一个总揽全局、牵引各方的总抓手，这个总抓手就是建设中国特色社会主义法治体系。依法治国各项工作都要围绕这个总抓手来谋划、来推进。”全面依法治国，是坚持和发展中国特色社会主义的本质要求和重要保障，是实现国家治理体系和治理能力现代化的必然要求，是关系党执政兴国、关系人民幸福安康、关系党和国家长治久安的重大战略问题。

党的十九届四中全会通过的《中共中央关于坚持和完善中国特色社会主义制度、推进国家治理体系和治理能力现代化若干重大问题的决定》明确提出，“加快形成完备的法律规范体系、高效的法治实施体系、严密的法治监督体系、有力的法治保障体系，加快形成完善的党内法规体系”。五大体系彼此联系、相辅相成，这一部署，体现了党对实现法治现代化规律的持续探索、对人类法治文明的不懈追求，同时要求不断深化法治领域改革，在抓重点、补短板、强弱项中啃下“硬骨头”，以不断完善的五大体系，把党和国家工作全面纳入法治化轨道。

党的二十大报告指出，全面依法治国是国家治理的一场深刻革命，必须更好发挥法治固根本、稳预期、利长远的保障作用，在法治轨道上全面建设社会主义现代化国家。在全面依法治国总体格局基本形成的基础上，党的二十大报告对全面依法治国作出了新部署：完善以宪法为核心的中国特色社会主义法律体系，加强重点领域、新兴领域、涉外领域立法；扎实推进依法行政，全面推进严格规范公正文明执法；严格公正司法，加快建设公正高效权威的社会主义司法制度；加快建设法治社会，努力使尊法学法守法用法在全社会蔚然成风。

（三）党的领导是全面依法治国的根本政治保证

中国共产党领导是中国特色社会主义制度的最大优势。中国共产党领导是历史和人民的选择，是中国特色社会主义国家治理的政治前提，是实现国家治理体系和治理能力现代化的现实选择。

2015年2月2日，习近平总书记在省部级主要领导干部学习贯彻十八届四中全会精神全面推进依法治国专题研讨班开班式上的讲话中指出：“各级领导干部在推进依法治国方面肩负着重要责任，全面依法治国必须抓住领导干部这个‘关键少数’。领导干部要做尊法学法守法用法的模范，带动全党全国一起努力，在建设中国特色社会主义法治体系、建设社会主义法治国家上不断见到新成效。”

2018年8月24日，习近平总书记在中央全面依法治国委员会第一次会议上的讲话中强调：“党的领导是社会主义法治最根本的保证。全面依法治国决不是要削弱党的领导，而是要加强和改善党的领导，不断提高党领导依法治国的能力和水平，巩固党的执政地位。必须坚持实现党领导立法、保证执法、支持司法、带头守法，健全党领导全面依法治国的制度和工作机制，通过法定程序使党的主张成为国家意志、形成法律，通过法律保障党的政策有效实施，确保全面依法治国正确方向。”

党的十九大报告阐述了新时代坚持和发展中国特色社会主义的14条基本方略。其中，在坚持全面依法治国方面，提出必须把党的领导贯彻落实到依法治国全过程和各方面，坚定不移走中国特色社会主义法治道路，完善以宪法为核心的中国特色社会主义法律体系，建设中国特色社会主义法治体系，建设社会主义法治国家，发展中国特色社会主义法治理论，坚持依法治国、依法执政、依法行政共同推进，坚持法治国家、法治政府、法治社会一体建设，坚持依法治国和以德治国相结合，依法治国和依规治党有机统一，深化司法体制改革，提高全民族法治素养和道德素质。

党的二十大报告强调，“坚持和加强党的全面领导。坚决维护党中央权威和集中统一领导，把党的领导落实到党和国家事业各领域各方面各环节”。这系统阐明了党的领导在社会主义现代化国家建设中的主导地位。坚持依法治国首先要坚持依宪治国，坚持依法执政首先要坚持依宪执政，坚持宪法确定的中国共产党领导地位不动摇，坚持宪法确定的人民民主专政的国体和人民代表大会制度的政体不动摇。

四

国家治理现代化的中国智慧

“国家治理体系和治理能力现代化”的形成和提出，是中国共产党高度重视现代化、不断推进现代化的结果，也是中国共产党认识现代化的最新成果。党的十八届三中全会通过的《中共中央关于全面深化改革若干重大问题的决定》第一次把国家治理体系和治理能力与现代化联系起来，着眼于现代化，并以现代化为落脚点，揭示了现代化与国家治理有着密切的内在关系，国家治理离不开现代化，现代化构成国家治理的题中应有之义。

（一）不断坚持和加强党的全面领导是国家治理体系和治理能力现代化的核心要义

推进国家治理体系和治理能力现代化，对于中国的政治发展乃至中国特色社会主义伟大事业来说，都具有重大而深远的理论和现实意义。国家治理现代化是建设社会主义现代化国家的重要内容，是建成社会主义现代化强国的条件和基础，也是建成社会主义现代化强国的重要标志。

党的领导是国家治理体系和治理能力现代化的“定海神针”，党是最高政治领导力量。在国家治理体系和治理能力现代化的“四梁八柱”中，党的领导处于顶梁柱的位置。坚持党的集中统一领导，是我国国家制度和国家治理体系的首要优势。坚持和完善中国特色社会主义制度、推进国家治理体系和治理能力现代化，必须在党中央统一领导下进行。党既是坚持和完善中国特色社会主义制度和国家治理体系的领导者，也是中国特色社会主义制度的执行者、国家治理体系和治理能力现代化的实践者。

2018 年 7 月，习近平总书记在全国组织工作会议上提出了新时代党的组织路线，强调要从提高党的建设质量、增强党的力量着手，引领政治、价值、政策、制度、能力等方面的国家治理。2024 年 6 月 27 日，习近平总书记在主持二十届中央政治局第十五次集体学习时强调，新时代党的建设是以党的政治建设为统领、党的各项建设同向发力综合发力的系统工程，必须以党中央关于党的建设的重要思想、关于党的自我革命的重要思想为根本遵循，坚持和加强党的全面领导和党中央集中统一领导，贯彻落实新时代党的建设总要求，用系统思维、科学方法推进管党治党内容全涵盖、对象全覆盖、责任全链条、制度全贯通，进一步健全要素齐全、功能完备、科学规范、运行高效的全面从严治党体系。不断坚持和加强党的全面领导是国家治理体系和治理能力现代化的核心要义。只有把增强党的领导力与增强国家制度能力和治理能力统一起来，把永葆党的旺盛生命力和强大战斗力与完善国家制度、强化国家治理体系的进展统一起来，不断提升党的执政能力和领导水平，才能推动国家治理能力现代化的提升。

（二）在推进国家治理现代化中体现使命担当

党的二十大报告指出：“从现在起，中国共产党的中心任务就是团结带领全国各族人民全面建成社会主义现代化强国、实现第二个百年奋斗目标，以中国式现代化全面推进中华民族伟大复兴。”中国式现代化是中国共产党领导中国人民以实现中华民族伟大复兴为目标的社会主义现代化，既有经济社会发展状况和国家发展水平达到世界先进和前沿这个各国现代化共同具有的量的规定，又有符合人口规模巨大、实现全体人民共同富裕、物质文明和精神文明相协调、人与自然和谐共生、走和平发展道路等基于自身国情的质的特性。中国式现代化是实现中华民族伟大复兴的必由之路。

第一，实现人民对美好生活的向往。党的十九大报告指出，我国社会主要矛盾已经转化为人民日益增长的美好生活需要和不平衡不充分的发展之间的矛盾。从“物质文化需要”到“美好生活需要”的变化，反映的是社会的进步和发展阶段的提高。人民美好生活需要日益广泛，不仅对物质文化生活提出了更高要求，而且在民主、法治、公平、正义、安全、环境等方面的要求日益增长，对人的全面发展、社会全面进步都提出了相应要求。

人民美好生活需要呈现“软”“硬”结合的特点。人民期盼更好的教育、更稳定的工作、更满意的收入、更可靠的社会保障、更高水平的医疗卫生服务、更舒适的居住条件、更优美的环境、更丰富的精神文化生活。

国家治理体系是在党领导下管理国家的制度体系，是一整套紧密相连、相互协调的国家制度，包括经济、政治、文化、社会、生态文明和军事、外事等各领域体制机制、法律法规安排。国家治理体系和治理能力现代化，为人民美好生活需要的实现提供重要保障。国家治理体系和治理能力现代化要处理好各种要素的内外关系，让各种要素能够优化协同、有效整合，从而实现国家稳定有序并不断发展。只有处理好各要素之间的关系，才能实现人民美好生活的需要。

第二，以高质量发展推动全面建设社会主义现代化国家。党的二十大报告提出："高质量发展是全面建设社会主义现代化国家的首要任务。"当前，我国发展面临新的战略机遇、新的战略任务、新的战略阶段、新的战略要求、新的战略环境。必须深刻认识到，发展是党执政兴国的第一要务，没有坚实的物质技术基础，就不可能全面建成社会主义现代化强国。防范化解各类风险隐患，积极应对外部环境变化带来的冲击和挑战，关键在于办好自己的事，提高发展质量，提高国际竞争力，增强国家综合实力和抵御风险能力。在强国建设、民族复兴的新征程上，只有牢牢把握高质量发展这个首要任务，完整、准确、全面贯彻新发展理念，加快构建以国内大循环为主体、国内国际双循环相互促进的新发展格局，推动经济实现质的有效提升和量的合理增长，才能不断壮大我国经济实力、科技实力、综合国力。高质量发展是解决不平衡不充分的发展问题，要着力在补短板、强弱项、固底板、扬优势上下功夫，研究提出解决问题的新思路、新举措等问题的战略部署。

第三，推动构建人类命运共同体。任何一个国家都不是一座封闭的孤岛，当前世界各国都是你中有我、我中有你，人类是共处一个地球的命运共同体。人类命运共同体旨在追求本国利益时兼顾他国合理关切，在谋求本国发展中促进各国共同发展。人类只有一个地球，各国共处一个世界。人类命运共同体这一全球价值观包含相互依存的国际权力观、共同利益观、可持续发展观和全球治理观。

党的十八大报告明确提出，"倡导人类命运共同体意识，在追求本国利益时兼顾他国合理关切"。2012 年 12 月，习近平总书记就任后首次会见外国人士时表示，国际社会日益成为一个你中有我、我中有你的"命运共同体"，面对世界经济的复杂形势和全球性问题，任何国家都不可能独善其身。2015 年 9 月，习近平主席在第七十届联合国大会一般性辩论时的讲话中指出："当今世界，各国相互依存、休戚与共。我们要继承和弘扬联合国宪章的宗旨和原则，构建以合作共赢为核心的新型国际关系，打造人类命运共同体。"党的十九大报告提出，坚持和平发展道路，推动构建人类命运共同体，同时促进全球治理体系变革。2018 年 12 月，习近平总书记在庆祝改革开放 40 周年大会上的讲话中指出："我们积极推动建设开放型世界经济、构建人类命运共同体，促进全球治理体系变革，旗帜鲜明反对霸权主义和强权政治，为世界和平与发展不断贡献中国智慧、中国方案、中国力量。"着眼于推动新时代改革开放走得更稳、走向更远，习近平总书记强调，必须坚持扩大开放，不断推动构建人类命运共同体。党的二十大报告强调，中国始终坚持维护世界和平、促进共同发展的外交政策宗旨，致力于推动构建人类命运共同体。推动构建人类命运共同体，中国是积极的践行者、重要的贡献者。中国坚持在和平共处五项原则基础上同各国发展友好合作，推动构建新型国际关系，深化拓展平等、开放、合作的全球伙伴关系，加强同发展中国家团结合作。推动构建人类命运共同体，必须以睦邻友好超越以邻为壑，以互利合作取代零和博弈，以多边主义战胜单边主义，以交流互鉴避免文明冲突，以绿色发展呵护地球家园。无论世界怎样改变，各国人民对美好生活的向往不会改变。

虽然在社会主义制度探索与国家治理过程中，中国经历过曲折，但是中国特色社会主义建设取得的辉煌成就有目共睹，这意味着中国特色社会主义国家治理体系和治理能力是有效和成功的。与此同时，作为世界上最大的发展中国家，中国在社会制度与推动国际治理体系建设方面的经验和做法有着全球性价值。中国国家制度建设与国家治理体系发展的经验，为广大发展中国家走向现代化提供了一条重要参考途径。中国参与全球治理，可以推动全球治理朝着更加公平合理的方向发展，中国也从全球治理中获得更多的和平发展机遇，中国的和平发展对世界的发展形成了有力的正能量。中国将继续发挥负责任大国作用，不断为完善全球治理贡献中国智慧、中国方案和中国力量。

第 8 章

增强群众组织力，依靠人民、服务人民

习近平总书记在党的二十大报告中明确指出："走过百年奋斗历程的中国共产党在革命性锻造中更加坚强有力，党的政治领导力、思想引领力、群众组织力、社会号召力显著增强，党同人民群众始终保持血肉联系，中国共产党在世界形势深刻变化的历史进程中始终走在时代前列，在应对国内外各种风险和考验的历史进程中始终成为全国人民的主心骨，在坚持和发展中国特色社会主义的历史进程中始终成为坚强领导核心。"党的政治领导力、思想引领力、群众组织力、社会号召力是一个系统，群众组织力是其中必不可少的实践环节，是党的领导力体系的出发点和落脚点。群众组织力是指中国共产党发动组织群众、团结带领群众完成党和国家的伟大历史任务的核心能力。提升群众组织力是加强党的政治领导力、思想引领力和社会号召力建设的重要任务和内在要求。政治领导力的根本要求就是提高为人民服务的能力，群众是思想引领和社会号召的主要对象。只有提升组织群众的能力，才能更好实现思想引领和社会号召。

回望100多年历史，党紧紧依靠群众、有效组织群众，凝聚起改天换地的实践伟力。中国共产党的事业离不开人民群众，必须紧紧依靠人民、服务人民，增强群众组织力。新时代新征程，我们以中国式现代化全面推进强国建设、民族复兴，必须不断增强党的群众组织力，为赢得未来提供坚强力量保证。

一

强大的群众组织力是党执政兴国的制胜法宝

列宁指出:“把千百万劳动群众组织起来，这是革命最有利的条件，这是革命取得胜利的最深的泉源。”党的根基血脉在人民，人民力量的发挥需要通过组织加以凝聚。中国共产党始终同人民群众保持血肉联系，以清醒的理论自觉把组织群众贯彻到推动事业发展的全过程。实践证明，强大的群众组织力是党执政兴国的制胜法宝。

（一）强大的群众组织力是马克思主义政党性质宗旨的重要体现

无产阶级政党是为最广大人民群众服务的政党，是依托于广大人民群众的政党。作为致力于人类解放事业的无产阶级政党，从诞生之日起，就以领导和组织群众改造世界为根本使命，表现出区别于其他一切政党的性质、宗旨和组织形式。强大的群众组织力是无产阶级政党的根本标志，这是因为无产阶级政党坚持群众是历史的创造者的观点。“历史活动是群众的活动，随着历史活动的深入，必将是群众队伍的扩大”，强调了历史的群众主体观。“无产者组织成为阶级，从而组织成为政党这件事，不断地由于工人的自相竞争而受到破坏。但是，这种组织总是重新产生，并且一次比一次更强大，更坚固，更有力”。强大的群众组织力伴随着无产阶级政党的成立而诞生，是无产阶级政党的天然属性。“无产阶级革命政党的纪律是靠什么来维持的？是靠什么来检验的？是靠什么来加强的？”除了靠无产阶级先锋队的觉悟和它对革命的忠诚，还要“靠它善于同最广大的劳动群众，首先是同无产阶级劳动群众，但同样也同非无产阶级劳动群众联系、接近，甚至可以说在某种程度上同他们打成一片”，因为“没有千百万觉悟群众的革命行动，没有群众汹涌澎湃的英勇气概，没有马克思在谈到巴黎工人在公社时期的表现时所说的那种‘冲天’的决心和本领，是不可能消灭专制制度的”。而无产阶级组织群众，是为了实现人民群众的利益的，“无产阶级的运动是绝大多数人的，为绝大多数人谋利益的独立的运动”，“他们没有任何同整个无产阶级的利益不同的利益”。为了人民群众的利益，始终是无产阶级政党的根本宗旨。以性质宗旨为出发点，无产阶级政党发挥群众组织力的实践伟力，取得了俄国十月革命的伟大胜利，以及中国革命、建设和改革的伟大成就。理论和实践深刻表明：强大的群众组织力，是无产阶级政党的鲜明特征，是无产阶级政党的生长点。

（二）强大的群众组织力是中华民族崛起的历史昭示

近代中国危难存亡之际，俄国十月革命一声炮响，给中国带来了马克思列宁主义。五四运动风起，工人阶级登上历史舞台，中国共产党随之诞生。以中华民族伟大复兴为己任，坚持群众史观，中国共产党组织群众、动员群众进行革命、建设和改革，实现了中华民族从站起来、富起来到强起来的伟大飞跃。土地革命战争时期，“我们三年来从斗争中所得的战术，真是和古今中外的战术都不同。用我们的战术，群众斗争的发动是一天比一天扩大的，任何强大的敌人是奈何我们不得的”，这种战术就是发动群众、组织群众。中国共产党人“组织革命战争，改良群众生活”，开创了工农武装割据的新局面。抗日战争时期，中国共产党动员工人、农民、知识分子和各界爱国力量组成最广泛的抗日民族统一战线，领导人民武装开展伏击战、破袭战、地雷战、地道战、麻雀战等游击战的战术战法，使日本侵略者陷入人民战争的汪洋大海。解放战争时期，在领导组织军事斗争的同时，党在解放区卓有成效地领导土地改革工作，将获得土地的广大群众组织武装起来，支援空前规模的大决战。人民群众用肩挑、车推、驴驮、船运等方法，将大量的粮食、弹药等军需物资从千里之外源源不断地运到前线，将伤病员送往后方医治，如此以“排山倒海之势”战胜一切艰难险阻，取得了解放战争的胜利。社会主义革命和建设时期、改革开放和社会主义现代化建设新时期、中国特色社会主义新时代，党始终不渝地团结群众、组织群众，推进中国特色社会主义事业蓬勃向前。随着对组织群众工作重要性、规律性的认识日益深化，党形成独具特色的群众路线工作方法。党的十九大报告强调，要不断增强党的群众组织力；党的二十大报告指出，党的群众组织力显著增强。

（三）强大的群众组织力是中华民族走向伟大复兴的力量之基

实现中华民族伟大复兴，是中华民族近代以来最伟大的梦想。中国梦归根结底是人民的梦，必须紧紧依靠人民来实现，必须不断为人民造福。就此而言，依靠群众、动员群众和组织群众成为实现中国梦的关键。

中华民族的昨日，可谓“雄关漫道真如铁”；中华民族的今朝，正是“人间正道是沧桑”；中华民族的明天，将是“长风破浪会有时”。当前，我们比历史上任何时期都更接近中华民族伟大复兴的目标，比历史上任何时期都更有信心、有能力实现这个目标。与此同时，世界正经历百年未有之大变局，面对国际形势的复杂性、全面深化改革的深刻性、社会变革的广泛性等挑战，我们要攻克新征程上的“娄山关”“泸定桥”“雪山草地”“腊子口”，更需要人民群众的“主体自觉”。群众的“主体自觉”依赖于中国共产党积极运用组织资源、充分发挥组织功能，实现组织优势向力量优势的成功转化。

在以中国式现代化全面推进中华民族伟大复兴的新征程上，只有全党上下动起来，主动走进群众、融入群众，才能在“润物无声”中积淀号召力；人民群众只有真切听到党的声音、了解党的主张，才能在关键时刻“一呼百应”，形成强大的群众组织力，从而为实现中华民族伟大复兴提供最可靠的力量保障。

二

增强群众组织力的生成逻辑

我们党作为长期执政的世界第一大党，面临党的自身建设和执政能力方面的严峻考验。1945 年，毛泽东同黄炎培讨论“历史周期率”问题，实际上就开始忧虑中国共产党执政后，能不能跳出“其兴也勃焉，其亡也忽焉”这样一种历史循环。2019 年 6 月 24 日，习近平总书记在主持十九届中央政治局第十五次集体学习时指出：“我们党作为百年大党，如何永葆先进性和纯洁性、永葆青春活力，如何永远得到人民拥护和支持，如何实现长期执政，是我们必须回答好、解决好的一个根本性问题。”这“三个如何”是百年大党不可回避、不可轻视的要害问题。提出这三个根本性问题，实际上就是要求全党上下必须密切自身和人民群众的关系，增强党的群众组织力。增强党的群众组织力，是我们党站在新的历史方位对新时代党的建设提出的重大命题。党的群众组织力的逻辑蕴含在党的执政规律之中，并受党的执政规律制约，遵循党的执政规律。

（一）夯实为人民服务的宗旨意识是增强群众组织力的前提条件

把人民群众的利益维护好，让人民群众切实感受到党是全心全意为人民服务的无产阶级政党，是增强党的群众组织力的前提条件。

中国共产党是应革命的需要而产生的，决定了革命时期党与人民群众形成的主客体关系是“使命—领导型”关系。随着党从革命党向执政党转变，从社会主义革命和建设时期领导人民群众实行计划经济的政党向改革开放和社会主义现代化建设新时期发展社会主义市场经济的政党转变，党的执政使命、目标任务、工作方法等都与时俱进，发生了深刻转型，党和各级政府与人民群众的互动互联的关系方式也发生了深刻变化，对党夯实全心全意为人民服务的宗旨意识、增强群众组织力提出了新要求。

党的十八大以来，党内开展党的群众路线教育实践活动、“三严三实”专题教育、“两学一做”学习教育、“不忘初心、牢记使命”主题教育、党史学习教育、学习贯彻习近平新时代中国特色社会主义思想主题教育等，就是要把以人民为中心的价值理念深深植根于全党同志的思想和行动中，树立“为民、务实、清廉”的执政形象，使党的群众组织力具备更坚实的根基，执政具有更加广泛、深厚、可靠的群众基础。党的二十大报告强调，“必须坚持人民至上”“坚持以人民为中心的发展思想”“江山就是人民，人民就是江山”……“人民”是报告中出现最多的高频词之一。深入开展学习贯彻习近平新时代中国特色社会主义思想主题教育，要求以学铸魂、以学增智、以学正风、以学促干。2023 年 4 月，习近平总书记在广东考察时对“以学铸魂”作出深刻阐释，强调：“站稳人民立场，强化宗旨意识，坚守初心使命，践行党的群众路线，把人民群众满意不满意作为评判主题教育成效的根本标准，解决好人民群众最关心最直接最现实的利益问题，把惠民生的事办实、暖民心的事办细、顺民意的事办好，让现代化建设成果更多更公平惠及全体人民。”只有站稳人民立场，坚持全心全意为人民服务的根本宗旨，始终把人民利益放在最高位置，始终同人民站在一起、想在一起、干在一起，才能赢得民心、赢得时代、赢得未来，在强国建设、民族复兴的新征程上创造新的历史伟业。

（二）回应群众利益诉求是增强群众组织力的重要目标

人民群众的支持是党的执政之基，增强党的群众组织力的核心要义也是为了获取人民群众的支持。民有所呼，党有所应。在社会正当诉求无法得到顺畅表达和有效回应、社会情绪积累到一定程度的时候，如果执政党失去有效的群众组织力，就会受到社会负能量的冲击，直接危及执政地位。时刻关注民意的温度和风向，以真诚维护群众利益赢得民心，在良性互动中促进国家治理，是增强党的群众组织力的重要目标。

改革开放 40 多年来，随着经济社会不断发展进步，人们对物质生活、政治生活、精神文化生活、社会生活和生态环境等方面有了新的更高要求，普遍期盼有更好的教育、更稳定的工作、更满意的收入、更可靠的社会保障、更高水平的医疗卫生服务、更舒适的居住条件、更优美的生活环境等。人民群众对国家改革发展也有了更高的期待，希望能够进一步形成公平竞争的发展环境，进一步增强经济社会发展活力，进一步提高政府效率和效能，进一步实现社会公平正义，进一步促进社会和谐稳定，进一步提高党的领导水平和执政能力等。党的十八大以来，党围绕解决好人民群众反映强烈的问题，回应人民群众呼声和期待，启动了全面深化改革，从转变政府职能、缩小收入差距、打破垄断、户籍制度改革、土地制度改革、金融体系改革到“六稳”工作方针的提出，再到“六保”任务的出台，就是积极回应民众期盼解决的“硬骨头”问题。实现小康，是千百年来中华民族对安定幸福生活的恒久期盼，是100多年来一代代中国共产党人砥砺奋进的重要目标。习近平总书记在庆祝中国共产党成立100周年大会上庄严宣告，“经过全党全国各族人民持续奋斗，我们实现了第一个百年奋斗目标，在中华大地上全面建成了小康社会，历史性地解决了绝对贫困问题”。全面建成小康社会是中国共产党顺应历史潮流、兑现政治承诺，践履为中国人民谋幸福、为中华民族谋复兴之初心使命的关键一招，广大人民群众赢得了实实在在的物质实惠、取得了丰沛充盈的精神满足，是符合人民群众根本利益的人心所向、民生要事。“为民造福是立党为公、执政为民的本质要求。必须坚持在发展中保障和改善民生，鼓励共同奋斗创造美好生活，不断实现人民对美好生活的向往”，在党的二十大开幕会上，习近平总书记所作的报告温暖人心，充分表达了增进民生福祉的坚定决心。

（三）搭建多元民意表达渠道是增强群众组织力的工作平台

随着我国经济社会发展进步，人民群众利益诉求多元化多样化，民主权利意识日益增强，民意诉求高涨，人民群众比以往任何时候都更渴望畅通无阻的表达渠道。当前，一个突出问题是传统的民意表达渠道较为单一，制度化民意表达通道不够畅通，适应时代要求的新兴民意表达渠道尚未建立和完善。

随着网络技术日益普及，互联网在中国民众的政治、经济和社会生活中扮演着日益重要的角色，成为中国公民行使知情权、参与权、表达权和监督权的重要渠道。党在加强自身建设过程中，开始注重利用新型工具和网络平台来实现与群众的沟通。想群众之所想、听群众之所愿，“要学会通过网络走群众路线”，这是习近平总书记对广大领导干部的要求。2020 年 8 月 16 日至 29 日，“十四五”规划编制工作在网上征求意见，这在中共中央全会文件起草历史上是第一次。广大人民群众踊跃参与，网上留言有 100 多万条，有关方面从中整理出了 1000 多条意见建议。近年来，各地顺应互联网发展趋势，将新的技术手段应用于群众工作，探索出不少好经验、好做法。比如，有些地方通过“智慧党建”平台收集群众意见建议，及时与群众互动、解答群众疑问，实现服务群众“零距离”；有些地方打造“新时代 e 支部”，有效整合党务政务服务资源，切实把服务群众的过程变成凝心聚力的过程；还有些地方通过开展“党旗领航・电商扶贫”等活动，利用网络平台助力农户脱困增收和乡村振兴；等等。通过搭建多元化渠道，运用多种形式察民情、听民声、聚民力、汇民智、解民忧，开辟了更多联系群众、服务群众的“绿色通道”。

（四）强化利益整合功能是增强群众组织力的核心要义

中国共产党始终代表最广大人民的根本利益。“人们奋斗所争取的一切，都同他们的利益有关”。利益问题始终是人们普遍关注的焦点问题。能否在公平正义的原则指导下协调好不同群体、不同行业、不同阶层、不同地域的利益关系，使各方面的利益达到最大化和最优化，既是对党执政能力的考验，更是党增强群众组织力、赢得民心的核心要义。

把民众的意愿输送到公共权力中去，以公共政策实施于民众，这是政党政治生活的重要内容。要把民意转化为公共政策，就存在着如何将民意整合为公共政策的问题。政治体系的整体性、统一性、合法性，客观上要求政治体系内各层次、各要素的利益整合。最广大人民的根本利益是个人利益、集体利益、国家利益的统一，是全局利益与局部利益的统一，因此利益整合就意味着承认个人利益、局部利益的独立性正当性。在兼顾实现正当合法的个人利益、局部利益的前提下，强调个人利益、局部利益服从国家利益、全局利益，当它们之间发生冲突时，应把国家利益、全局利益放在第一位。“全面深化改革是关系党和国家事业发展全局的重大战略部署，不是某个领域某个方面的单项改革。‘不谋全局者，不足谋一域。’大家来自不同部门和单位，都要从全局看问题，首先要看提出的重大改革举措是否符合全局需要，是否有利于党和国家事业长远发展”。

利益整合具体包括两个方面：一是纵向的利益整合，主要是中央与地方之间、上级与下级之间、政策制定者与执行者之间的利益整合。实现纵向利益整合关键在于克服狭隘的地方主义、部门主义和极端个人主义的思想和行为。二是横向的利益整合，主要是各地方政治体系之间、各政策执行机关之间、政府与人民之间的利益整合。通过整合，使个人利益、局部利益、国家利益三者得到合理配置，从而避免因利益冲突而导致的公共政策执行失控。

三

增强群众组织力，回应时代挑战而“固本开新”

党的群众组织力越强，党的执政根基就越牢固，党领导中国特色社会主义事业的能力就越强。随着全面深化改革持续推进，中国共产党团结带领全国各族人民取得了历史性成就，既为增强党的群众组织力带来契机，也带来挑战。新时代新阶段，迈上新征程、续写新篇章，面对各种现实矛盾与挑战，我们党比历史上任何时候都更需要增强群众组织力。

（一）增强群众组织力的要素构成

党对群众的组织，是主体（党）通过实践对客体（群众）发生作用，实践过程即组织过程。为此，党（主体）—组织（实践）—群众（客体）构成一个主客体运动的系统。这个系统即中国共产党通过一系列组织（实践）工作，获得群众的认同和支持，进而使群众意识到党和群众的利益高度统一，从而使广大群众自愿主动、尽其所能地参与党领导的伟大事业。在这个系统中，主体组织力的有效发挥将决定着系统运行的最终成效，而价值前提、作用目标、作用载体、作用手段等要素制约着组织力的有效发挥。

第一，价值前提——党的利益与最广大人民的根本利益高度一致。作为一种生成性能力，党的群众组织力是基于群众对党的认同和支持，主动自愿接受党的动员和组织而产生的一种能力。党得到群众的认同支持，进而接受党的组织，其根本前提在于让群众意识到党与自己的根本利益是高度统一的。

中国共产党从不讳言自己的利益追求，公开宣示：中国共产党始终代表中国最广大人民的根本利益。党的一切工作都是为了实现好、维护好、发展好最广大人民的根本利益，“我们是全心全意为人民服务的党，追求老百姓的幸福。路很长，我们肩负的责任很重，这方面不能有一劳永逸、可以歇歇脚的思想。唯有坚定不移、坚忍不拔、坚持不懈，才能无愧于时代、不负人民”。党的十八大以来，从保障和改善民生到打赢脱贫攻坚战，从不断扩大中等收入群体到促进社会公平正义，从蓝天保卫战到乡村振兴战略，党顺应民心、尊重民意、关注民情、致力民生，着力解决好人民群众关心的现实利益问题，不断增强人民的获得感、幸福感、安全感，更好满足人民对美好生活的新期待。

社会生活日新月异，“住房宽敞心头亮，交通发达道路畅，轿车进家成时尚，通信便捷新式样，休闲娱乐促健康”，人民幸福感与日俱增。双休工作制、法定节假日、带薪年假，休假权利得到保障，公民全年休息日达到120天以上；实行办理护照等出入境证件“只跑一次”制度，超过九成申请人在30分钟内完成现场申办证件手续；户籍改革从“破冰”到前行，1亿多非户籍人口在城市落户的行动不断深入，不断出台的暖人新政让人民共享经济社会进步的成果。党始终代表人民群众利益，和人民群众利益高度一致是广大人民群众认可和支持党的价值前提，也是广大群众能够被组织起来、自觉投入党领导的伟大事业的价值前提，更是新时代增强党的群众组织力的价值前提。

第二，目标导向——国家梦、民族梦和人民梦的高度统一。任何一种组织力的发挥都要围绕特定的目标，党的群众组织力也是如此。习近平总书记在十二届全国人大一次会议上的讲话中指出："实现中华民族伟大复兴的中国梦，就是要实现国家富强、民族振兴、人民幸福……中国梦归根到底是人民的梦，必须紧紧依靠人民来实现，必须不断为人民造福。"习近平总书记的重要讲话阐明了中国梦的内涵就是实现中华民族伟大复兴，就是实现国家富强、民族振兴、人民幸福。从大的国家层面来说，中国梦是民族复兴、国家繁荣昌盛的梦；从小的个人角度上说，中国梦是人民生活幸福的梦。中国梦不仅是国家之梦、民族之梦，还是人民之梦。

中国是人民当家作主的国家，也是各族人民大团结的国家。在中国梦的语境中，国家主体、民族主体、人民主体具有高度一致性，最终落脚于人民。中国梦归根到底是人民梦。中国共产党人的初心和使命，就是为中国人民谋幸福，为中华民族谋复兴，这深刻体现了中华民族、中国共产党、中国人民三大主体的一致性。一个政党特别是执政党，只有通过发展增强国家综合实力、提高人民生活水平，才能与国家、人民结成牢固的命运共同体，"从二〇二〇年到二〇三五年基本实现社会主义现代化……从二〇三五年到本世纪中叶把我国建成富强民主文明和谐美丽的社会主义现代化强国"。

今天，我们比历史上任何时期都更接近、更有信心和能力实现中华民族伟大复兴的目标。行百里者半九十，实现中华民族伟大复兴是一项光荣而艰巨的事业，需要一代又一代中国人共同为之努力。民族复兴的伟大梦想让全体人民紧紧团结在以习近平同志为核心的党中央周围，党员干部带头“撸起袖子加油干”，生产一线的工人“干一行爱一行”，田间地头的农民兄弟“扎根沃土、熟悉经营”，市场大潮中的企业家“立足主业、追求卓越”，创新攻关的科研人员“潜心钻研、勇攀高峰”，憧憬未来的青年学生们“立鸿鹄志、做奋斗者”，同心合力共筑中国梦。共同目标昭示着中国梦承载着新时代党的群众组织力。

第三，组织运作——组织设置、组织覆盖、组织功能的高度协调。基于理性的价值追求、共同的目标导向，增强党的群众组织力面临如何有效组织群众进而发挥好群众组织力的问题。组织群众是一个主客体互动的过程，即主体通过组织化的运作在客体中发挥功能作用的过程，这一过程的实现依赖于组织化的运作。

中央组织部最新党内统计数据显示，截至 2023 年底，中国共产党有基层组织 517.6 万个。中国共产党 100 多年的实践历程，成功地证明了党组织以及党领导下群团组织的设置与工作的全覆盖是事业成功的密码。首先，党组织、群团组织通过系列工作获得群众的认同和支持，为有效组织群众做好准备；其次，围绕目标任务，党组织、群团组织把各自领域的群众组织起来，卓有成效地开展工作；最后，群众的物质利益与精神满足不断得到提升，群众获得感、归属感不断增强，为后续群众组织工作凝聚人心、奠定基础。“建设好党的组织体系这座大厦，要让组织体系的经脉气血畅通起来，让党支部强起来”，党组织功能的有效运转，推动着党的群众组织力有效发挥，既确保党始终成为中国特色社会主义事业的坚强领导核心，又确保党领导的伟大事业永续推进。

（二）新时代增强群众组织力的路径分析

作为主客体互动的过程，党的群众组织力的效果会随着主客体之间的互动而出现熵变，因此，处理好应然与实然的关系是党面临的一大挑战。中国特色社会主义进入新时代，既为增强党的群众组织力提供了新的实践土壤，也提出了新的更高要求。我们要因应群众工作新情况、新特点，从主客体互动出发，积极运用组织资源、充分发挥组织功能，实现组织优势向力量优势的成功转化。

第一，从主体出发，增强党自身的组织力。"打铁必须自身硬"。我们党是按照马克思主义建党原则建立起来的，形成了包括党的中央组织、地方组织、基层组织在内的严密组织体系。政党的组织力即政党调动、协调和整合政党组织内各种资源的能力，它包括组织结构、制度供给、目标定位、人力资源和一定价值理念的张扬等有形和无形方面所展示的能力。党只有先通过发挥自身组织力，将自身组织起来，才能发挥组织群众的功能。强化政治属性，着力增强各级党组织的政治属性和政治功能，加大政治动员、政治引领、政治教育力度，切实担负起引导群众听党话、跟党走的政治任务。党的二十大报告强调："党的领导是全面的、系统的、整体的，必须全面、系统、整体加以落实。"原因就在这里。锤炼过硬本领，针对生产生活方式多样化、价值取向多元化、利益诉求差异化等情况，深刻把握人民群众思想变化的特点趋势，做好思想引领和教育引导，将党的路线方针政策和国家发展大局讲透彻、讲明白，切实提高宣传群众、教育群众的本领。突出服务功能，着眼于人民日益增长的美好生活需要，"坚持尽力而为、量力而行，深入群众、深入基层，采取更多惠民生、暖民心举措，着力解决好人民群众急难愁盼问题，健全基本公共服务体系，提高公共服务水平，增强均衡性和可及性，扎实推进共同富裕”。在增强群众获得感、幸福感、安全感中增进群众对党的信任信赖和团结在党中央周围的行动自觉。

第二，从组织运作出发，健全完善组织体系，着力扩大覆盖面。随着经济社会快速发展，特别是新一轮科技革命和产业变革加速演进，当代中国正经历人类历史上史无前例的巨变。人员流动日趋频繁，新的社会群体不断出现。哪里有群众哪里就要有党的工作、哪里有党员哪里就要有党的组织，这是党因时而变必须做到的。巩固传统优势，加强党政机关、人民团体、企事业单位、农村、街道社区等的党建工作，建立健全党组织发挥领导作用和组织功能的制度规定。拓展新兴阵地，探索发挥好党组织在非公有制经济组织等新兴业态以及新的社会群体中的作用，不断扩大党的组织和党的工作对经济社会发展各领域的覆盖面。用好网络平台，面对网络无处不在的信息化智能社会，网络动员必将是新时代动员群众的利器。利用网络多维互动优势，畅通党与群众沟通的渠道，传播正能量、吸引大众“粉丝”，凝聚党在新时代“线上”和“线下”强大的群众组织力。

第三，从客体角度，增强人民群众“共同体”的自觉。人不是孤立生存的个体，是需要与他人共存的。“人的本质不是单个人所固有的抽象物，在其现实性上，它是一切社会关系的总和”，人们在交往中构成他们的共同体，在共同体中进行交往和实践。近代以来，为了实现中华民族伟大复兴，中国共产党与人民群众建立起了命运共同体、利益共同体和行动共同体。共同体是人们实践活动的舞台，“只有在共同体中，个人才能获得全面发展其才能的手段，也就是说，只有在共同体中才可能有个人自由……在真正的共同体的条件下，各个人在自己的联合中并通过这种联合获得自己的自由”。伟大时代为中国人实现梦想提供了宽广舞台，亿万农民工为“城市梦”打拼，推动了中国城镇化进程；无数创业者为“致富梦”奔走，释放社会主义市场经济激发的无限活力。无数出彩的人生，撑起一个色彩斑斓的梦想时代。共同理想的实现需要人民群众与党员共同努力奋斗，需要人民群众与党员在工作生活中将共同理想的实现与自身岗位职责充分结合在一起，尤其是与广大青年的个人梦想追求结合在一起，在实际工作中积极履行自身职责，努力实现不同行业和区域的建设任务与发展目标。“当代中国青年生逢其时，施展才干的舞台无比广阔，实现梦想的前景无比光明……广大青年要坚定不移听党话、跟党走，怀抱梦想又脚踏实地，敢想敢为又善作善成，立志做有理想、敢担当、能吃苦、肯奋斗的新时代好青年，让青春在全面建设社会主义现代化国家的火热实践中绽放绚丽之花”。共同目标的达成是集体行动可持续的前提，一个具有共同目标的群体一定会为实现共同目标采取集体行动。

第9章

增强社会号召力，凝聚人心、汇聚力量

所谓号召，就是指向群众提出某种要求，希望群众响应，共同行动。社会号召力即号召的能力，是一定主体对客体的影响与感召能力。在一定社会条件下，政党、团体、企业等特定的组织乃至个人，都可以成为社会号召力的主体。党的二十大报告指出，“走过百年奋斗历程的中国共产党在革命性锻造中更加坚强有力，党的政治领导力、思想引领力、群众组织力、社会号召力显著增强”。政党社会号召力是指政党对于包括各个阶层、不同群体、各方面力量在内的全社会的影响能力、凝聚能力、动员能力和引导能力等。

中国共产党的社会号召力，是由党的性质、宗旨、纲领和路线等决定的，是由党为中国人民谋幸福、为中华民族谋复兴的初心和使命决定的，是激励全党全国各族人民奋勇前进的伟大精神力量。社会号召力是中国共产党领导力的重要内容。党的十九大报告对党的领导力的体系构成进行了阐述，强调要“不断增强党的政治领导力、思想引领力、群众组织力、社会号召力，确保我们党永葆旺盛生命力和强大战斗力”。在党的领导力构成要素中，社会号召力与政治领导力、思想引领力、群众组织力相互作用、相辅相成。党的社会号召力既依赖于党的政治领导力、思想引领力、群众组织力，又为政治领导力、思想引领力、群众组织力提供精神动力和源泉保证。强大的社会号召力是中国共产党不断取得成功和胜利的重要法宝，中国共产党100多年的光辉奋斗历程，始终保持着强大的社会号召力。新时代新征程，在进行伟大斗争、建设伟大工程、推进伟大事业、实现伟大梦想的实践中，要增强党的社会号召力，凝聚最广泛的社会力量，为夺取新时代中国特色社会主义新胜利、实现中华民族伟大复兴而奋斗。

一

党保持强大社会号召力的一百多年历程

中国共产党的社会号召力在革命、建设、改革的伟大实践中形成，中国共产党成立之初，就建立起最广泛的革命统一战线。100 多年来，在各个历史时期，正是因为党团结了一切可以团结的力量，领导、组织和动员了最广大人民群众，才取得革命、建设、改革的胜利。

（一）新民主主义革命时期，“唤起工农千百万”

新民主主义革命时期，中国共产党通过制定符合中国国情的革命政策和策略，积极发动群众，宣传引导群众积极投身革命实践，“唤起工农千百万，同心干”，最终取得了新民主主义革命的伟大胜利。

从 1921 年 7 月中国共产党成立之日起，党的社会号召力集中体现在通过马克思主义理论在工农大众和进步阶层中的宣传和传播，带领广大工农群众、学生、进步知识分子和其他阶层人士加入革命洪流。党的一大规定了推翻资产阶级统治，建立无产阶级专政，废除资本私有制的革命目标，并提出要达到目标“一定要向工人、农人、兵士、水手和学生宣传，才成功”。1925 年 7 月，中国共产党成立仅 4 年，大约已有 160 个工会组织接受党的领导或者在党的影响下工作，大约有 54 万工人实现了从原来的松散状态向有组织有纪律的转变，同时在中国共产主义青年团推动影响下，各地学生联合会会员达数百万人。1925 年 5 月 30 日爆发的五卅运动，是中华民族各革命阶级、各民族民众在无产阶级领导下反对帝国主义的伟大运动的联合斗争，标志着大革命高潮的到来，初步展现了中国共产党社会号召、动员和组织的伟大力量。

土地革命战争时期，党的社会号召力主要体现在武装反抗国民党反动派和建立农村革命根据地的过程中。1927 年 8 月，八七会议确定了土地革命和武装反抗国民党反动派的总方针，为党进行社会号召和动员指明了方向，强调通过苏维埃的力量解决土地改革问题。在井冈山和中央革命根据地，毛泽东、朱德等在领导红军开展武装斗争的同时，发动群众打土豪、分田地，获得土地的广大翻身农民密切配合、积极支援红军取得了 4 次反“围剿”的胜利。在这一阶段，党通过局部的苏维埃政权建设与革命号召，极大调动了广大农民的积极性与主动性，为革命的胜利积蓄着强大且深厚的社会力量。

抗日战争是关系到中华民族生死存亡的大事件，必须发动人民进行全民族抗战。1935 年 8 月 1 日，中共驻共产国际代表团草拟了《中国苏维埃政府、中国共产党中央为抗日救国告全体同胞书》(《八一宣言》)，不久公开发表。宣言号召全体同胞有钱出钱，有枪出枪，有粮出粮，有力出力，有专门技能贡献专门技能，以便号召全体同胞抗战。毛泽东指出：“不管什么阶级，什么政党，什么社会集团或个人，只要是赞成打败日本侵略者和建设新中国的，我们就要加以联合。”中国共产党号召全民族抗战，建立并领导抗日民族统一战线，发挥着中流砥柱作用，成为领导中国革命的中坚力量。我们党在各抗日根据地实行减租减息政策、开展大生产运动，动员民众积极投入抗战。进行整风运动、召开党的七大等进一步提升了党的社会号召力，通过阐释宣传抗战政策、维护群众利益、强化组织建设等方式方法，不断地唤醒群众觉悟、巩固统一战线、整合群众力量，并广泛号召海内外一切爱国力量，积极加入全民族抗战洪流。美国记者史沫特莱曾感叹道：“延安至此成了全国抗日运动的中心。工人、学生、教授、教员和文化领袖组成的人流，开始涌往陕北。”通过建立并领导最广泛的抗日民族统一战线，中国共产党组织、领导、动员全民族抗战，最终赢得了抗日战争的伟大胜利。

解放战争时期的中国共产党，已经是思想上、政治上、组织上高度成熟的马克思主义政党。党根据革命发展形势，适时地提出为建立新中国而斗争的基本政治纲领和各个发展阶段的动员口号，为中国人民团结奋斗取得革命胜利指明了方向。“和平、民主、团结”“武装自卫”“打倒蒋介石，解放全中国”“将革命进行到底”，这些口号将各个革命阶级阶层紧紧团结在一起，建立起最广泛的人民民主统一战线，凝聚成无坚不摧、所向披靡的强大力量。特别是在辽沈战役、淮海战役和平津战役三大战役中，党对人民群众进行广泛动员号召，极大地激发了广大农民的革命热情，得到了空前规模的全力支持。据统计，三大战役共动员支前民工达 880 余万人次，大小车辆 141 万辆，担架 36 万余副，牲畜 260 余万头，粮食 4.25 亿公斤。时任华东野战军司令员的陈毅感慨道：“淮海战役的胜利，是人民群众用小车推出来的。”

（二）社会主义革命和建设时期，团结一切可以团结的力量

1949 年，中华人民共和国成立后，中国共产党成为在全国范围内执政的执政党，党的社会动员的目标和任务发生了重大变化，从夺取政

权转变为巩固新生的人民政权，进行社会主义革命、社会主义建设。面对新中国一穷二白、百废待兴的状况，党号召全国各族人民为巩固新生政权而自力更生、艰苦奋斗。1953 年，党提出过渡时期总路线，号召广大群众进行“一化三改”，把有限的物质资源与人力资源集结起来，致力于恢复国民经济。特别是在对资本主义工商业的社会主义改造中，号召资本家“了解社会发展趋势，站在社会主义方面，有觉悟地逐渐转变到新制度去”。通过动员和号召全国各族人民投身社会主义改造，党运用自身强大的社会号召力，团结一切可以团结的力量，完成了社会主义革命，成功实现了中国历史上最深刻最伟大的社会变革。

1956 年，党领导人民进入社会主义建设阶段。为激励广大人民群众全面开展社会主义建设，1957 年 10 月 27 日，《人民日报》发表题为《建设社会主义农村的伟大纲领》的社论，号召广大农民“努力、努力、再努力，超过一九五六年”。此后，“鼓足干劲，力争上游，多快好省地建设社会主义”成为社会主义建设总路线，也成为党进行社会号召的总纲领，党的号召力进一步增强。

毋庸讳言，在社会主义建设探索中，我们党曾经经受过重大挫折，但党的社会号召力从来没有弱化，包括“两弹一星”在内的一系列重大工程的完成，无一不体现党的社会号召力的伟力。最为典型的是，中华人民共和国成立初期，在党的社会号召力感召下，一大批优秀留学生，毅然放弃国外优厚待遇和优越的工作生活环境，历尽艰辛回到祖国怀抱，投身火热的新中国建设事业。在这段历史的背后，是一长串闪光的名字：华罗庚、钱学森、钱三强、朱光亚、师昌绪、邓稼先、梁思礼……这批留学生成为我国科技事业的主要奠基人。

（三）改革开放以来，画出最大同心圆

1978 年 12 月，党的十一届三中全会胜利召开。全会作出以经济建设为中心，实行改革开放的历史性决策。改革开放以来，中国共产党的社会号召力主要体现在思想引领力上，其社会号召力得到创新提升。邓小平曾指出："我们的运动太多，统统是运动，而且统统是全国性的，看来这是搞不通的。"他认为对群众的号召要通过启发改革思维、充分发挥群众主观能动性来实现，从而真正调动一切优势资源以达到改革目的。

1992 年，邓小平南方谈话和党的十四大关于社会主义本质、"三个有利于"标准、"发展才是硬道理"等论述，厘清了全党和人民群众的模糊认识，极大地激发了各阶层民众进行社会改革的热情，成为中国特色社会主义建设的动员令与号召书。党的十五届五中全会以后，党大力宣传"三个代表"重要思想，注重法制建设，以法制为保障推动和号召人民群众的理论认同与制度认同。党的十六大以后，党高度重视意识形态的价值引领成为党的社会号召力的鲜明特色，通过宣传科学发展观、社会主义和谐社会理念、社会主义核心价值体系，引导全体社会成员形成共同的行为目标，为社会主义现代化事业努力奋斗。

党的十八大以来，改革进入攻坚期和深水区。2013 年 11 月，党的十八届三中全会召开，会议通过《中共中央关于全面深化改革若干重大问题的决定》，"找到最大公约数、画出最大同心圆"，党通过大力宣传社会主义主流意识形态，以更生活化、引领化的话语提升意识形态凝聚力和吸引力，进一步汇聚人民群众的道德共识与价值共鸣，增强了党的

社会号召力。特别是习近平总书记提出实现中国梦的宏伟目标很好地起到了思想引领、政治引领和目标引领的作用。

2017 年 10 月召开的党的十九大指出："经过长期努力，中国特色社会主义进入了新时代，这是我国发展新的历史方位。"站在新的历史起点上，我们党从兴党兴国的战略高度认识党的社会号召力问题，深刻认识到对于一个长期执政的大党而言，只有与时俱进，坚定不移全面从严治党，不断提高党的执政能力和领导水平，增强人民群众的信任度和满意度，不断增强党的社会号召力，才能真正发挥党的强大政治优势和组织优势。在全面从严治党过程中，进一步强化党员干部坚持全心全意为人民服务的宗旨，密切党群干群关系，党在人民群众中的号召力更加强大有力，为实现中华民族伟大复兴提供了坚实的群众基础。新时代新使命新任务，2022 年 10 月，在党的二十大上，习近平总书记代表党中央发出了"全面建成社会主义现代化强国、实现第二个百年奋斗目标，以中国式现代化全面推进中华民族伟大复兴"的总动员令，通过全面深化改革破除阻碍社会生产力发展的体制机制障碍，通过进一步扩大开放积极学习和借鉴人类文明发展的一切有益成果，亿万人民群众响应党的伟大号召，积极投身中国特色社会主义现代化建设的伟大实践，努力提升我国的经济实力和综合国力。中华民族迎来实现伟大复兴的光明前景。

二

新时代增强党的社会号召力的价值旨归

中国共产党的初心和使命，是为中国人民谋幸福、为中华民族谋复兴。中国共产党100多年的风雨历程，也是始终坚守初心和使命的伟大历程、光辉历程。党的社会号召力是坚守初心使命的重要保障；实现中华民族伟大复兴，是新时代增强党的社会号召力的价值旨归。

（一）提升引领复兴的执政能力

中国共产党是中国革命、建设、改革的领导核心，党的领导核心地位是实现中华民族伟大复兴中国梦的根本政治保证。

党的100多年奋斗史告诉我们，什么时候党对一切工作的领导本领强、水平高，党和国家的事业发展就兴旺发达；否则，党和国家事业就会经受挫折、遭受损失。这是已经被新民主主义革命、社会主义革命和建设、改革开放的实践证明了的真理。新时代新使命，要求党不断提升执政本领和执政能力，而政党执政能力的一个最直接的体现和衡量标准就是对全社会的号召力。如果党不能有效动员组织社会资源，各种社会力量对党中央的路线方针政策缺乏认同力和执行力，有令不行、有禁不止，上有政策、下有对策、贯彻不力，党的执政能力就会严重弱化。增强党的社会号召力，就是让党的执政理念、执政目标和方针政策贯彻落实到社会各个领域中，引领全社会力量在实现中华民族伟大复兴中国梦的共同价值目标和愿景的感召下，无论是面对顺境还是逆境，都能与党同心、向党看齐、和党同行。

（二）汇聚勠力复兴的磅礴力量

实现中华民族伟大复兴是近代以来中华民族最伟大的梦想。100 多年来，一代又一代中国共产党人团结带领全国各族人民，为实现中华民族伟大复兴的中国梦进行了艰苦卓绝的伟大斗争。正是因为党的社会号召力不断增强，中国共产党才能够领导中国人民在实现梦想的过程中取得一个又一个伟大胜利和辉煌成就。

今天，我们比历史上任何时期都更接近实现中华民族伟大复兴的目标，更加迫切需要增强党的社会号召力，调动一切可以调动的积极因素，最大限度地把各方面智慧和力量凝聚起来，形成海内外中华儿女心往一处想、劲往一处使的强大合力，汇聚起实现民族复兴的磅礴力量，夺取新时代新征程新的伟大胜利。通过增强党的社会号召力更有效地凝聚社会共识，使广大人民群众意识到中国梦是由无数个人梦想汇聚而成的，每一个人都是追梦者，更是圆梦者，必须充分调动每一个人的积极性和主动性，万众一心，众志成城，接续奋斗，才能画出最大同心圆。只有每个人都为美好梦想而奋斗，才能汇聚起实现中国梦的磅礴力量。

（三）彰显保障复兴的制度优势

中国特色社会主义制度是实现中华民族伟大复兴这一宏伟目标的根本制度保障，具有巨大的制度优势。从历史实践来看，这一制度设计安排具有强大的整合功能与凝聚效力。它坚持党领导一切、总揽全局、协调各方，能激励人民广泛参与国家和社会治理，最大限度调动有益资源和智慧，协调各方利益关系，增强社会凝聚力。

集中优势力量办大事的显著优势对我国抗击新冠疫情起到了关键作用。新冠疫情暴发后，在党中央坚强领导和强大动员下，迅速调动激发起 14 亿多中国人民抗击新冠疫情的行动和热情，书写了中国人民众志成城抗击新冠疫情的辉煌篇章，凸显了我国的制度优势和党的强大社会号召力、动员力。通过党的思想引导、组织和政治领导，调控整合各种复杂利益关系，调动优势资源，动员不同社会群体，激发群众的创造力和奋斗热情，促进改革进程中各种问题的解决，从而推动中华民族伟大复兴事业的蓬勃发展。

（四）推动实现中华民族伟大复兴的中国梦

发展是党执政兴国的第一要务。党的社会号召力是为一定时期的国家与经济社会发展服务的，不仅能服务于革命战争年代，也能服务于社会主义现代化建设。

中国特色社会主义进入新时代，发展环境和条件发生深刻变化，发展水平和要求变得更高。从国际局势看，世界正面临百年未有之大变局，处于大发展大变革大调整时期，我国发展面临的国际环境日趋复杂，不稳定性不确定性明显增加。从国内情况看，从党的十九大到党的二十大，是“两个一百年”奋斗目标的历史交汇期，我们既要全面建成小康社会、实现第一个百年奋斗目标，又要乘势而上开启全面建设社会主义现代化国家新征程，向第二个百年奋斗目标进军。我国社会主要矛盾已经转化为人民日益增长的美好生活需要和不平衡不充分的发展之间的矛盾，经济建设依然是中心任务，但更要注重提高发展质量，更要注重科学发展。新时代中国特色社会主义建设要求全面深入推进国家经济、政治、文化、社会、生态文明等各个方面的建设，要求不断促进经济基础与上层建筑的协调发展。在党统筹国际国内两个大局、统筹安全和发展两件大事的新形势下，增强党的社会号召力显得尤为重要。通过对人民群众进行广泛的社会号召，使社会资源的有限性通过多种方式加以优化整合、精准配置，从而发挥最大效用；更重要的是，可以汇集更多的人力资本，使整个社会累积良性的内在力量，保证社会和谐稳定、社会经济发展有序运行，积极推动实现中华民族伟大复兴的中国梦。

三

新时代增强党的社会号召力的关键维度

中国特色社会主义进入新时代，站在新的发展历史方位上，面对世界百年未有之大变局，党比任何时候都更加需要增强社会号召力。在领导新时代中国特色社会主义建设进程中，增强党的社会号召力，团结带领全国各族人民全面建成社会主义现代化强国、实现第二个百年奋斗目标，以中国式现代化全面推进中华民族伟大复兴，需要着重从党的自身建设、人民立场、统一战线三个关键维度展开。

（一）加强党的自身建设

党的社会号召力的作用主体是党，加强党的自身建设是增强党的社会号召力的题中应有之义。

第一，深入推进全面从严治党。党的十八大以来，全面从严治党取得了巨大成效，党的执政能力和领导水平得到很大提升，党内政治生态明显好转，党焕发出强大的生机和活力。但是，党领导人民进行伟大斗争、推进伟大事业、实现伟大梦想的使命和任务依然艰巨。从党的自身建设来说，党所面临的形势依然非常严峻和复杂，影响党的先进性、弱化党的纯洁性的因素也是复杂的，党内存在的思想不纯、组织不纯、作风不纯等突出问题尚未得到根本性解决。党的二十大报告指出："全面从严治党永远在路上，党的自我革命永远在路上，决不能有松劲歇脚、疲劳厌战的情绪，必须持之以恒推进全面从严治党，深入推进新时代党的建设新的伟大工程，以党的自我革命引领社会革命。"在新的历史条件下，加强党的自身建设，不断增强党的社会号召力，必须深入推进全面从严治党，一刻都不能放松。从政治、思想、组织、作风、纪律、制度等方面防范和解决党内存在的各种矛盾和问题，不断进行自我净化、自我完善、自我革新、自我提高，以永不懈怠的精神状态和一往无前的奋斗姿态，持续地全方位地增强自身力量，把党建设成为始终走在时代前列、人民衷心拥护、勇于自我革命、经得起各种风浪考验、朝气蓬勃的马克思主义执政党，确保党在人民群众中的形象更加稳固崇高，对人民群众的号召力更加强大有力。

第二，不断加强基层党组织建设。基层党组织是党在社会基层组织中的战斗堡垒，是党的全部工作和战斗力的基础，也是宣传党的主张、团结动员群众、进行社会号召的最广泛阵地。加强党的自身建设，必须不断加强基层党组织建设，充分发挥其战斗堡垒作用，全面提升党的基层社会动员、组织能力，使其发挥好向心和凝聚作用。首先，要更加突出政治功能。切实把基层党组织作为贯彻落实党的方针、政策、决议和主张的最前沿，不断增强基层党组织社会号召力，提升群众对党组织的认同感和支持度，奠定动员社会成员的民意基础和情感基础。其次，要拓展基层组织功能。在突出政治功能基础上，切实解决基层组织功能单一的问题，充分发挥基层党组织在解决矛盾、调解纠纷、社会动员、服务群众等方面的功能和作用，把基层党组织打造成多功能的党建"综合体"。最后，要充分发挥党支部的作用。党支部是党开展基层工作的基本单元，必须通过党支部更好地教育、管理、监督、服务党员，以更好地组织、联系基层群众，向群众进行宣传，动员群众参与党的建设和中国特色社会主义事业。

第三，发挥党员的先锋模范作用。党员是党组织的细胞。党对群众的领导、联系和号召，是通过党员来直接实现的。党员作用的发挥直接影响党的威望和形象，进而影响群众对党的认可。在实现中华民族伟大复兴的前进道路上，各种风险挑战严峻而复杂，每一位党员特别是各级领导干部都要高度重视自身形象，时刻以严格遵守党纪国法、良好的工作姿态、高尚的道德情操、勇担重任的使命感积极发挥先锋模范作用，以自身先进性感染群众、服务群众、影响群众、赢得群众的认可赞誉。

（二）更加坚定人民立场

人民立场是中国共产党的根本政治立场。坚持人民立场是马克思主义政党区别于其他政党的显著标志。党的二十大报告提出的“六个必须坚持”中的第一个坚持就是必须坚持人民至上。新时代新征程，面对新的风险挑战，中国共产党必须更加坚定人民立场，始终把人民放在心中最高位置，与人民同呼吸、共命运、心连心，从而号召凝聚起实现中华民族伟大复兴的磅礴力量。

第一，依靠人民，尊重人民主体地位。习近平总书记指出：“中国共产党之所以能够发展壮大，中国特色社会主义之所以能够不断前进，正是因为依靠了人民。”坚定人民立场，就要紧紧依靠人民，发挥人民的聪明才智，激发人民的智慧和力量，凝聚起全党全社会众志成城、实现中华民族复兴伟大梦想的磅礴力量。坚定人民立场必须尊重人民的主体地位。尊重人民主体地位、保障人民当家作主是社会主义的本质要求。必须着力发展平等协商的民主机制，推动构建共建共治共享的社会治理格局，为人民当家作主提供多元化渠道，从而充分调动人民群众积极性，号召人民群众为中国特色社会主义伟大事业而积极参与、创造和贡献。

第二，保障人民，满足人民利益需要。坚持人民立场，满足人民利益需要，要把保障人民生命安全放在首位。2020 年 5 月 22 日，习近平总书记参加十三届全国人大三次会议内蒙古代表团审议时强调指出："人民至上、生命至上，保护人民生命安全和身体健康可以不惜一切代价。"坚持人民立场，要着力解决人民最关心最直接最现实的利益问题。着力构建利益调节机制，建立科学合理的制度体系，把实现最广大人民的根本利益体现到经济社会发展的各个环节，使改革发展成果惠及全体人民。

第三，造福人民，提高人民生活品质。发展的最终目的是造福人民。当前，我国社会发展面临新任务、新挑战，要坚持把实现好、维护好、发展好最广大人民根本利益作为发展的出发点和落脚点，健全基本公共服务体系，完善共建共治共享的社会治理制度，扎实推动共同富裕，不断增强人民群众获得感、幸福感、安全感，把人民群众对美好生活的向往一步步地变为现实。要提高人民收入水平，强化就业优先政策，建设高质量教育体系，健全多层次社会保障体系，全面推进健康中国建设，实施积极应对人口老龄化国家战略，加强和创新社会治理。通过提高经济社会发展水平促进人的全面发展和社会全面进步。

（三）做好统一战线工作

党的二十大报告指出：“统一战线是凝聚人心、汇聚力量的强大法宝。”自1922年7月召开的党的二大提出组织“民主的联合战线”起，“工农民主统一战线”“抗日民族统一战线”“人民民主统一战线”“爱国统一战线”等统一战线在革命、建设、改革的不同历史时期，为推进党和国家事业发展发挥了重要作用，成为中国共产党领导人民克敌制胜、取得成功的重要法宝，也成为党的社会号召力最有力的体现和充分证明。中国特色社会主义进入新时代，增强党的社会号召力，要继续做好统一战线工作，使其在坚持和发展中国特色社会主义中充分发挥重要法宝作用，为实现中华民族伟大复兴广泛凝聚人心、汇聚力量。

第一，树立“大统战”理念。2015年，习近平总书记在中央统战工作会议上提出了“大统战”理念。党的十九大把发展最广泛的爱国统一战线作为“坚持人民当家作主”的一部分纳入新时代坚持和发展中国特色社会主义的基本方略，突出了统一战线在我国发展新的历史方位上的新定位。党的二十大明确提出完善大统战工作格局的要求。树立大战略、大视野的“大统战”理念，是在统一战线工作肩负的时代使命发生重大变化时期的首要任务。理念指导行动，只有树立起“大统战”理念，才能在统战工作实践中，通过提升统战地位、扩大工作职能、团结更大范围的力量，使统战工作呈现出站位更高、视野更宽、格局更大、职能更强、根基更深、范围更广、渠道更多、方法更活的生动和创新的局面。

第二，团结更大范围的力量。实现中华民族伟大复兴的中国梦，既是全国人民的根本利益所在，也是统一战线广大成员的共同奋斗目标。

因此，统一战线范围越广越好，人数越多越好，力量越大越好。习近平总书记在2015年中央统战工作会议上的讲话中指出，统战工作的本质要求是大团结大联合，解决的就是人心和力量问题。党的二十大报告指出："坚持大团结大联合，动员全体中华儿女围绕实现中华民族伟大复兴中国梦一起来想、一起来干。"坚持大团结大联合，就是要以实现中华民族伟大复兴为最大公约数，以中国共产党为圆心，把全体社会主义劳动者、社会主义事业的建设者、拥护社会主义的爱国者、拥护祖国统一和致力于中华民族伟大复兴的爱国者都团结起来、凝聚起来，画出最大同心圆，为实现中华民族伟大复兴的中国梦汇聚起磅礴力量。

第三，善于协调各方利益。马克思说："人们奋斗所争取的一切，都同他们的利益有关。"统一战线既是政治共同体，也是利益共同体。在实现共同政治目标的过程中，统一战线不同的社会群体和成员也会出现各种利益的矛盾和分歧。因此，要坚持尊重、维护、实现统一战线不同群体和成员利益的原则，通过畅通利益诉求渠道、建立健全利益协调和整合机制，化解矛盾、消除分歧，保障统一战线不同群体和成员的各方面利益，实现互利共赢。同时，通过统一战线的团结、教育和引导，最大限度地增进不同群体和成员的思想政治共识，促进人心凝聚。

第10章

增强应对风险能力，转危为机、占据主动

习近平总书记指出：“人世间没有一帆风顺的事业。综观世界历史，任何一个国家、一个民族的发展，都会跌宕起伏甚至充满曲折。”中国共产党立志于中华民族千秋伟业，始终秉持为中国人民谋幸福、为中华民族谋复兴的初心使命，领导的是前无古人的开创性事业，前进道路上，必然会遇到大量从未出现过的全新课题、遭遇各种艰难险阻、经受许多风高浪急甚至惊涛骇浪的重大考验。在艰难险阻和重大考验面前，“我们党一步步走过来，很重要的一条就是不断总结经验、提高本领，不断提高应对风险、迎接挑战、化险为夷的能力水平”。应对风险能力是中国共产党领导力的重要组成部分，中国共产党的领导力不仅体现在平时，更集中展现在应对危机之时。党的十八大以来，以习近平同志为核心的党中央在实现“两个一百年”奋斗目标、实现中华民族伟大复兴中国梦的新征程上，坚持底线思维，增强忧患意识，高度重视防范化解重大风险，在治国理政新实践中提高党在新时代防范化解重大风险能力，有力地保证了党和国家事业取得历史性成就、发生历史性变革，积累了丰富的经验。

一 总结基本经验，感悟党应对风险的历史伟力

习近平总书记在庆祝中国共产党成立100周年大会上指出："我们党历经千锤百炼而朝气蓬勃，一个很重要的原因就是我们始终坚持党要管党、全面从严治党，不断应对好自身在各个历史时期面临的风险考验，确保我们党在世界形势深刻变化的历史进程中始终走在时代前列，在应对国内外各种风险挑战的历史进程中始终成为全国人民的主心骨！"中国共产党具有强大的风险应对能力，是被历史证明、时代证实的最响亮的结论。从新民主主义革命的伟大成就，到社会主义革命和建设的伟大成就，到改革开放和社会主义现代化建设的伟大成就，再到新时代中国特色社会主义的伟大成就，中国共产党坚持底线思维，坚定斗争意志，增强斗争本领，以正确的战略策略应变局、育新机、开新局，依靠顽强斗争打开事业发展新天地，在应对危局、开辟新局中积累应对风险的经验，在应对危机、转危为机中提升应对风险的能力。

（一）坚持中国共产党的全面领导，形成全国一盘棋的应对格局

中国特色社会主义最本质的特征是中国共产党领导，中国特色社会

主义制度的最大优势是中国共产党领导。党的全面领导是提高风险防范和应对能力的根本所在。党政军民学，东西南北中，党是领导一切的。党的全面领导不仅体现在推动经济社会平稳发展的平时，更集中凸显在应对风险挑战的急时。越是应急时刻，越要强化党的领导。由于突发事件具有突发性、政治性、战略性、政策性强等特点，与国计民生相连，与群众利益相关，无论规模大小，都直接影响党和政府形象，关乎社会稳定和长远发展。这必然要求各级党委和政府坚决服从统一指挥、统一协调、统一调度，做到令行禁止，以党的创造力、凝聚力、战斗力、领导力和号召力，有效应对风险挑战和艰难险阻。中国共产党善于把实践成果外化为制度成果，升华为理论成果，内化为实际能力与执政水平，不仅对突发事件的应对提出了正确的指导方针和一系列重大举措，充分显示了驾驭复杂局面的统筹能力和组织优势，而且善于发挥集中力量办大事的社会主义制度最大优势，善于把各方面制度优势转化为管理国家的效能，不断提高党科学执政、民主执政、依法执政的水平。

党的全面领导是形成全国一盘棋应对格局的制胜密码。邓小平指出：“社会主义同资本主义比较，它的优越性就在于能做到全国一盘棋，集中力量，保证重点。”面对各类风险挑战，党通过有效的领导制度、高效的领导机制，可以激发组织活力、盘活资源要素的张力，挖掘集体与个人潜力，从而形成全领域、全过程、全参与的应对风险整体合力。改革开放以来，我们党沉着应对国际风云变幻和国际关系变化，战胜在政治、经济、文化、社会、生态领域出现的困难和风险，带领人民应变局、平风波、战洪水、防“非典”、抗地震、化危机、控疫情，成功应对一系列重大风险挑战，经受住一次又一次考验。每一次灾害事故的应对处置，都是对我国应急管理体系和能力的一场大考。全党全国人民更加深刻领会到习近平总书记反复讲过的道理：在国家治理体系的大棋局中，党中央是坐镇中军帐的“帅”，车马炮各展其长，一盘棋大局分明。应急管理是国家治理体系的重要组成部分，应急管理工作始终坚持党的全面领导，强化统一指挥，健全军地间、部门间、区域间联动机制，做到救援行动“一盘棋”，基本形成统一指挥、专常兼备、反应灵敏、上下联动的中国特色应急管理体制，建立了风险联合会商研判、防范救援救灾一体化、扁平化应急指挥等工作机制，提升了应急管理效能。

（二）用好马克思主义这个看家本领，提升理论统领全局的应对效能

“中国共产党为什么能，中国特色社会主义为什么好，归根到底是马克思主义行，是中国化时代化的马克思主义行。”马克思主义是我们立党立国、兴党兴国的根本指导思想，中国共产党从诞生之日起，就把马克思主义鲜明地写在自己的旗帜上。对党员干部来说，马克思主义这个看家本领掌握得越牢靠，政治站位就越高，政治判断力、政治领悟力、政治执行力就越强，观察时势、谋划发展、防范化解风险就越主动。中国共产党自成立以来，每当遇到困难和风险，都能够做到头脑清醒、处变不惊、迎难而上，根本原因在于党具有坚定的马克思主义信仰和中国特色社会主义信念，能够运用科学理论分析问题、判断形势。挑战面前，党中央总能站在全局、战略、宏观的高度形成清晰认知，进而明确方向、提出对策，攻坚克难、化险为夷。例如，面对新中国成立之初的国内外复杂局势，党和人民意气风发，斗志昂扬，以“敢教日月换新天”的英雄气概，采取一系列积极稳健的政策措施，有条不紊地领导全国各族人民巩固新生人民政权，恢

复工农业生产，制定和实施正确的外交方针，稳定物价、统一全国财经制度，确立社会主义基本制度，推进社会主义建设，为当代中国一切发展进步奠定了根本政治前提和制度基础；面对“文化大革命”造成的严重局面和中国向何处去的关键抉择，以党的十一届三中全会为标志，党重新确立解放思想、实事求是的思想路线，响亮提出“走自己的道路，建设有中国特色的社会主义”的口号，引领中国走上正确发展道路；20 世纪 80 年代末 90 年代初，苏联解体、东欧剧变，国际共产主义运动遭遇严重挫折，党冷静观察、沉着应对，坚定共产主义远大理想和中国特色社会主义共同理想，引领改革开放和社会主义现代化建设的航船沿着正确方向继续前进。

党的十八大以来，中国特色社会主义进入新时代。面对复杂形势和艰巨任务，我们要全面把握世界百年未有之大变局和中华民族伟大复兴战略全局，有力应对重大挑战、抵御重大风险、克服重大阻力、化解重大矛盾，进行具有许多新的历史特点的伟大斗争，就必须贯彻习近平新时代中国特色社会主义思想，坚持发展与安全相统一，坚持问题导向与目标导向相统一，坚持底线思维与战略思维相统一，坚持制度防线与能力支撑相统一；要加强马克思主义特别是习近平新时代中国特色社会主义思想理论武装，使各级党组织和广大党员干部掌握马克思主义理论武器，提高马克思主义理论水平和运用能力，共同把党的创新理论转化为推进新时代中国特色社会主义伟大事业的实践力量。

（三）落实以人民为中心的发展思想，发挥安全协同治理的应对优势

公共安全是国家安全的重要体现，一头连着经济社会发展，一头连

着千家万户，是最基本的民生。习近平总书记指出：“要坚持群众观点和群众路线，拓展人民群众参与公共安全治理的有效途径。”中国共产党代表最广大人民的根本利益，在应对风险时能有效调动起人民群众热情，激发起人民群众力量，筑牢防范应对灾害危机的人民防线。这条防线以各级党组织领导机制为根本，群团组织联系机制为链条，人民群众参与体制为基础，具体包括：一是构建党委领导机制。注重发挥党委总揽全局、协调各方的领导作用，加强对社会共治的领导，及时研究解决共治重大问题，发挥基层党组织战斗堡垒作用，构建区域统筹、条块协同、共建共享的社会共治新格局。二是构建群团组织助推体制。完善党建带群建制度机制，充分发挥群团组织作为党和政府联系人民群众的桥梁和纽带作用，拓宽群团组织维护安全生产、防灾减灾救灾、应急救援的制度化渠道。三是构建人民群众参与体制。要坚持群众观点和群众路线，完善公民安全教育体系，推动安全宣传进企业、进农村、进社区、进学校、进家庭，加强公益宣传，普及安全知识，培育安全文化，开展常态化应急疏散演练，支持引导社区居民开展风险隐患排查和治理，积极推进安全风险网格化管理，筑牢防灾减灾救灾的人民防线。利用现代信息平台引导社会力量和行业协会、商会等社会组织有序参与应急管理事业，以群防群治强化风险管控和源头预防，以群策群力提升救援能力。这种风险应对优势让我们从容面对、有效应对了一次次重大突发事件。2023 年，我国多地经受暴雨洪水考验，在以习近平同志为核心的党中央坚强领导下，各地各部门秉承“人民至上、生命至上”理念，顽强拼搏，众志成城，党员干部和受灾群众站在一起、干在一起，汇聚起抗洪救灾的磅礴力量，谱写了一曲慷慨激昂的抗洪壮歌。

二

学习习近平总书记有关重要论述，把握党应对风险的现实能力

党的二十大报告第一次设专章部署推进国家安全体系和能力现代化，设专节安排公共安全治理工作，首次对“推进国家安全体系和能力现代化，坚决维护国家安全和社会稳定”提出明确要求。问题是时代的声音，理论是行动的指引。进入新时代，习近平总书记关于总体国家安全观、防范化解重大风险和应急管理工作的一系列重要论述，为党提升应对风险能力指明了方向，提供了根本遵循。

（一）以总体国家安全观为理论指引，拓展应对风险的视野

国家安全是民族复兴的根基，社会稳定是国家强盛的前提。进入改革开放新时期，乘改革之东风，中国取得的成就举世瞩目，包括国家安全事业建设与发展在内的各项事业蒸蒸日上。党的十八大以来，中国的国家安全事业发生了历史性的变革，这一变革的核心就是提出了总体国家安全观。

2014 年 4 月 15 日，习近平总书记在中央国家安全委员会第一次会议上提出：“要准确把握国家安全形势变化新特点新趋势，坚持总体国家

安全观，走出一条中国特色国家安全道路。”此后，习近平总书记不断强调总体国家安全观。2020 年 12 月 11 日，十九届中央政治局就切实做好国家安全工作举行第二十六次集体学习。习近平总书记再次强调，国家安全工作是党治国理政一项十分重要的工作，也是保障国泰民安一项十分重要的工作。做好新时代国家安全工作，要坚持总体国家安全观，抓住和用好我国发展的重要战略机遇期，把国家安全贯穿到党和国家工作各方面全过程，同经济社会发展一起谋划、一起部署，坚持系统思维，构建大安全格局，促进国际安全和世界和平，为建设社会主义现代化国家提供坚强保障。习近平总书记关于总体国家安全的相关论述形成了总体国家安全观，拓展了应对风险的视野。

当前，我国国家安全内涵和外延比历史上任何时候都要丰富，时空领域比历史上任何时候都要宽广，内外因素比历史上任何时候都要复杂，必须坚持总体国家安全观，以人民安全为宗旨，以政治安全为根本，以经济安全为基础，以军事、文化、社会安全为保障，以促进国际安全为依托，维护各领域国家安全，构建国家安全体系，走中国特色国家安全道路。贯彻落实总体国家安全观，必须既重视外部安全，又重视内部安全，对内求发展、求变革、求稳定，建设平安中国，对外求和平、求合作、求共赢，建设和谐世界；既重视国土安全，又重视国民安全，坚持以民为本、以人为本，坚持国家安全一切为了人民、一切依靠人民，真正夯实国家安全的群众基础；既重视传统安全，又重视非传统安全，构建集政治安全、国土安全、军事安全、经济安全、文化安全、社会安全、科技安全、信息安全、生态安全、资源安全、核安全等于一体的国家安全体系；既重视发展问题，又重视安全问题，发展是安全的基础，安全是发展的条件，富国才能强兵，强兵才能卫国；既重视自身安全，又重视共同安全，打造人类命运共同体，推动各方朝着互利互惠、共同安全的目标相向而行。

树立总体国家安全观必然要求拓展应对风险的视野，必须把国家安全贯穿到党和国家工作各方面全过程，既立足当前又着眼长远，既整体推进又突出重点，既讲原则性又讲策略性，既讲需求又讲能力，注重同经济社会发展一起谋划、一起部署，坚持系统思维，构建大安全格局，促进国际安全和世界和平，为建设社会主义现代化国家提供坚强保障。

（二）以习近平总书记关于防范化解重大风险的重要论述为行动指南，提升应对风险的质量

“安而不忘危，存而不忘亡，治而不忘乱。”增强忧患意识，做到居安思危，是我们党治国理政的一个重大原则。2019 年 1 月 21 日，在省部级主要领导干部坚持底线思维着力防范化解重大风险专题研讨班开班式上，习近平总书记就防范化解政治、意识形态、经济、科技、社会、外部环境、党的建设等领域重大风险作出了深刻分析，提出了明确要求。习近平总书记指出，各级党委和政府要坚决贯彻总体国家安全观，深刻认识和准确把握外部环境的深刻变化和我国改革发展稳定面临的新情况新问题新挑战，坚持底线思维，增强忧患意识，提高防控能力，着力防范化解重大风险，保持经济持续健康发展和社会大局稳定，为决胜全面建成小康社会、夺取新时代中国特色社会主义伟大胜利、实现中华民族伟大复兴的中国梦提供坚强保障。2020 年 10 月 26 日，习近平总书记就《中共中央关于制定国民经济和社会发展第十四个五年规划和二〇三五年远景目标的建议》起草的有关情况向党的十九届五中全会作

说明时指出："防范化解各类风险隐患，积极应对外部环境变化带来的冲击挑战，关键在于办好自己的事，提高发展质量，提高国际竞争力，增强国家综合实力和抵御风险能力，有效维护国家安全，实现经济行稳致远、社会和谐安定。"

落实习近平总书记关于防范化解重大风险的重要论述，就要在风险意识上，增强忧患意识、树立底线思维。我们必须始终保持高度警惕，既要高度警惕"黑天鹅"事件，也要防范"灰犀牛"事件；既要有防范风险的先手，也要有应对和化解风险挑战的高招；既要打好防范和抵御风险的有准备之战，也要打好化险为夷、转危为机的战略主动战。要落实党中央关于维护政治安全的各项要求，确保我国政治安全。

落实习近平总书记关于防范化解重大风险的重要论述，就要在风险阵地上，注重见微知著、开展全面研判。要持续巩固壮大主流舆论阵地，加大舆论引导力度，加快建立网络综合治理体系，推进依法治网。要增强忧患意识，未雨绸缪，精准研判，妥善应对经济领域可能出现的重大风险。科技领域安全是国家安全的重要组成部分。要加强体系建设和能力建设，完善国家创新体系，解决资源配置重复、科研力量分散、创新主体功能定位不清晰等突出问题，提高创新体系整体效能。维护社会大局稳定，要切实落实保安全、护稳定各项措施，下大气力解决好人民群众切身利益问题，全面做好就业、教育、社会保障、医药卫生、食品安全、安全生产、社会治安、住房市场调控等各方面工作，不断增加人民群众获得感、幸福感、安全感。要坚持保障合法权益和打击违法犯罪两手都要硬、都要快。对涉众型经济案件受损群体，要坚持把防范打击犯罪同化解风险、维护稳定统筹起来，做好控赃控人、资产返还、教育疏导等工作。要继续推进扫黑除恶专项斗争，紧盯涉黑涉恶重大案件、黑恶势力经济基础、背后“关系网”“保护伞”不放，在打防并举、标本兼治上下功夫。要创新完善立体化、信息化社会治安防控体系，保持对刑事犯罪的高压震慑态势，增强人民群众安全感。要推进社会治理现代化，坚持和发展“枫桥经验”，健全平安建设社会协同机制，从源头上提升维护社会稳定能力和水平。当前，世界大变局加速深刻演变，全球动荡源和风险点增多，我国外部环境复杂严峻。我们要统筹国内国际两个大局、发展安全两件大事，既聚焦重点又统揽全局，有效防范各类风险连锁联动。要加强海外利益保护，确保海外重大项目和人员机构安全。要完善共建“一带一路”安全保障体系，坚决维护主权、安全、发展利益，为我国改革发展稳定营造良好的外部环境。

落实习近平总书记关于防范化解重大风险的重要论述，就要在风险责任上，做到守土有责、确保守土尽责。各级党委、政府和领导干部必须坚决扛起防范化解政治职责，把防范化解重大风险工作做实做细做好。要强化风险意识，常观大势、常思大局，科学预见形势发展走势和隐藏其中的风险挑战，做到未雨绸缪。要提高风险化解能力，透过复杂现象把握本质，抓住要害、找准原因，果断决策，善于引导群众、组织群众，善于整合各方力量、科学排兵布阵，予以有效处理。领导干部要加强理论修养，深入学习马克思主义基本原理，学懂弄通做实习近平新时代中国特色社会主义思想，掌握贯穿其中的辩证唯物主义的世界观和方法论，提高战略思维、历史思维、辩证思维、创新思维、法治思维、底线思维能力，善于从纷繁复杂的矛盾中把握规律，不断积累经验、增长才干。要完善风险防控机制，建立健全风险研判机制、决策风险评估机制、风险防控协同机制、风险防控责任机制，主动加强协调配合，坚持一级抓一级、层层抓落实。

（三）以习近平总书记关于应急管理的重要论述为实践指向，确保应对风险的效果

习近平总书记强调，应急管理是国家治理体系和治理能力的重要组成部分，承担防范化解重大安全风险、及时应对处置各类灾害事故的重要职责，担负保护人民群众生命财产安全和维护社会稳定的重要使命。党的十八大以来，习近平总书记站在维护国家安全和社会稳定、实现中华民族伟大复兴的战略高度，亲自谋划决策组建中华人民共和国应急管理部，亲自缔造国家综合性消防救援队伍，系统擘画推进应急管理事业改革发展，就应急管理发表一系列重要讲话、做出一系列重要指示批示、提出一系列新理念新思想新战略，科学回答了事关应急管理事业全局和长远发展的重大理论和实践问题，形成了习近平总书记关于应急管理的重要论述。应急管理是全流程管理，包括事前准备、事中响应和事后救援与恢复，应急管理坚持战斗力标准，强调从人员、装备以及人装结合机制等方面全面提升应对效果。

坚持安全第一、预防为主，建立大安全大应急框架，完善公共安全体系，推动公共安全治理模式向事前预防转型。要加强风险评估和监测预警，加强对危险化学品、矿山、道路交通、消防等重点行业领域的安全风险排查，提升多灾种和灾害链综合监测、风险早期识别和预报预警能力。要加强应急预案管理，健全应急预案体系，落实各环节责任和措施。要实施精准治理，预警发布要精准，抢险救援要精准，恢复重建要精准，监管执法要精准。要坚持依法管理，运用法治思维和法治方式提高应急管理的法治化、规范化水平，系统梳理和修订应急管理相关法律

法规，抓紧研究制定应急管理、自然灾害防治、应急救援组织、国家消防救援人员、危险化学品安全等方面的法律法规，加强安全生产监管执法工作。要坚持群众观点和群众路线，坚持社会共治，完善公民安全教育体系，推动安全宣传进企业、进农村、进社区、进学校、进家庭，加强公益宣传，普及安全知识，培育安全文化，开展常态化应急疏散演练，支持引导社区居民开展风险隐患排查和治理，积极推进安全风险网格化管理，筑牢防灾减灾救灾的人民防线。

加强应急救援队伍建设，建设一支专常兼备、反应灵敏、作风过硬、本领高强的应急救援队伍。党的十八大以来，我国基本形成了以国家综合性消防救援队伍为主力军和国家队、以专业救援队伍为协同、以军队应急力量为突击、以社会力量为辅助的中国特色应急救援力量体系。要采取多种措施加强国家综合性消防救援队伍建设，采取与地方专业队伍、志愿者队伍相结合和建立共训共练、救援合作机制等方式，发挥好各方面力量作用。要强化专业救援队伍战斗力建设，抓紧补短板、强弱项，提高各类灾害事故救援能力。要坚持少而精的原则，打造尖刀和拳头力量，按照就近调配、快速行动、有序救援的原则建设区域应急救援中心。要加强航空应急救援能力建设，完善应急救援空域保障机制，发挥高铁优势构建力量快速输送系统。要加强队伍指挥机制建设，大力培养应急管理人才，加强应急管理学科建设。

强化应急管理装备技术支撑，优化整合各类科技资源，推进应急管理科技自主创新，依靠科技提高应急管理的科学化、专业化、智能化、精细化水平。以推进应急管理体系和能力现代化为主线，围绕防范化解重大安全风险、遏制重特大事故等中心任务，优先发展高端应急装备产品和新一代工业科技在应急装备领域中的应用，有序推进应急装备产业链建设，以技术优势带动应急装备制造发展，引导应急装备产业集聚，由点到面逐步拓展，实现集约化发展。围绕提高突发事件处置的高效性和专业性，重点发展处置救援类应急产品。坚持服务实战，从应急管理实际出发引领装备科技攻关、建设配备和支撑保障；完善科技创新体系，提升装备现代化水平，形成通专互补、防救结合的体系化应急装备建设格局。以市场为导向，立足现有装备基础，遵循统筹规划、分步实施、有序开发，坚持需求牵引、问题导向，广泛调动社会资源，强化政策供给，构建中央、地方、保险、社会等共同参与的多元投入机制，打造装备发展开放生态。优化防灾设施和救灾装备时空布局，提高监测预警装备、通信装备等装备韧性抗逆能力。整合政府、企业、高校、研究所优势力量，发挥科技创新和教育引领作用，创新应急装备技术和产品，实现科学研究的上中下游相结合，打通产学研用全链条。

用好国家应急指挥总部，建立中央和地方分级指挥与队伍专业指挥相结合的机制，健全军地协调联动机制，重点加强基层指挥体系和指挥能力建设，提升基层应急指挥研判能力和现场指挥能力。坚持战斗力标准，聚焦实战、以练为战，按照军事化要求进行训练、提升能力。按照复杂场景进行从难训练演练、从快强化力量前置、从严强化应急准备，注重以极端情况下的真打实练，锻炼队伍、完善预案、磨合机制，全面提高战斗力。

三

树立总体国家安全观，形成党应对风险的整体合力

习近平总书记指出："我国发展面临新的战略机遇、新的战略任务、新的战略阶段、新的战略要求、新的战略环境，需要应对的风险和挑战、需要解决的矛盾和问题比以往更加错综复杂。全党必须增强忧患意识，坚持底线思维，坚定斗争意志，增强斗争本领，以正确的战略策略应变局、育新机、开新局，依靠顽强斗争打开事业发展新天地，最根本的是要把我们自己的事情做好。"应对风险是一项整体性的系统工程，需要全面发力、综合施策。必须树立总体国家安全观，弘扬生命至上、安全第一的思想，健全公共安全体系，完善安全生产责任制，坚决遏制重特大安全事故，提升防灾减灾救灾能力。

（一）坚持以人民安全为宗旨，打造应对风险的铜墙铁壁

习近平总书记指出："国家安全工作归根结底是保障人民利益，要坚持国家安全一切为了人民、一切依靠人民，为群众安居乐业提供坚强保障。"安全是实现人民安定和迈向美好生活的第一需要，总体国家安全观将中国共产党全心全意为人民服务的根本宗旨和以人民为中心的执政

理念运用到对国家安全的认识和实践中，坚持国家安全一切为了人民，确立了人民安全在国家总体安全中的核心地位，明确了国家安全的最终归宿和价值指向。贯彻总体国家安全观，必须坚持以人民安全为宗旨，做好公共安全和应急体系建设，通过预防和应急准备、监测预警、应急处置与救援、恢复与重建等工作，有效保障人民的生命健康和财产安全，实现人民安全。

马克思主义唯物史观认为，人民群众是社会历史的主体，是历史的创造者，是推动社会发展进步的真正英雄和根本力量。国家是人民的集合体，人民的历史地位和作用决定了人民才是捍卫国家安全和民族独立的中坚力量，人心向背直接关系到国家政权稳定。与人民群众的历史地位和作用相适应，人民应该而且必须成为国家安全体系中的主体构成要素；人民安全也应该而且必须成为国家安全的核心目标追求，实现和维护人民安全是充分发挥人民的历史地位与作用，实现国家总体安全首要的基本前提。只有毫不动摇地坚持马克思主义唯物史观，树立以人民为中心的国家安全观，尊重人民的历史地位和作用，才能使人民安全得到充分保障，才能使人民真正成为维护和实现国家总体安全的重要依靠力量，开创中国国家总体安全的新局面。

（二）确保以政治安全为根本，夯实应对风险的制度根基

政治安全是指国家主权、政权、政治制度、意识形态等方面免受各种威胁和危害的状态。政治安全是传统国家安全的重心和根本，也是维护和实现国家安全的最直接和最现实的目标要求。作为世界上最大的社

会主义国家，对于中国来说，政治安全的重要性体现在指导理论、发展道路和制度安排三个方面，是直接关系到马克思主义的指导地位、共产党的执政地位、中国特色社会主义道路能否巩固的根本问题。应对风险各种机制（比如，社会矛盾调处机制、社会稳定维护机制、社会冲突处置机制）的建立健全都必须以确保政治安全为根本，尤其要“严密防范和坚决打击各种渗透颠覆破坏活动、暴力恐怖活动、民族分裂活动、宗教极端活动”等来实现政治安全。

政治安全的第一要求是政权安全。政权是实现国家安全的主要承载体，政权安全既是国家安全的基本前提，也是政治安全的首要标志和特征，没有安全稳固的政权，国家安全也就无从谈起。对于无产阶级及其政党来说，政权问题是首要的核心问题；对于社会主义国家而言，维护国家安全的首要任务就是巩固无产阶级专政的政权安全，其实质就是保证国家政权的社会主义性质和国家发展的社会主义方向。对中国而言，中国共产党的领导和中国特色社会主义道路是政权安全的两大基石。巩固中国共产党的执政地位和领导地位是确保政权安全与社会主义性质的首要前提和基本保证，社会主义国家政权的安全稳定也有利于不断稳固党的执政地位和提升党的领导能力；社会主义国家政权安全离不开中国共产党的领导，选择正确的政治发展道路对政权安全来说同样至关重要。

把意识形态安全作为政治安全的核心内容。意识形态安全是坚持社会主义核心价值体系、维护和实现政治安全的核心，是一项极其重要的工作。按照马克思主义的观点，一个国家的主流意识形态总是反映处于统治地位的阶级的利益和思想主张；意识形态作为上层建筑的重要组成部分，直接关系到政治安全的实现。意识形态的核心是价值观，处于社会主流地位的价值观只能有一个。当代中国反映主流意识形态的价值观只能是社会主义核心价值观，培育和践行社会主义核心价值观是意识形态安全最根本的保证。

把政治制度作为政治安全的基础。政治制度是国家政权的组织形式以及相关政治体制的总和，是国家政权运行的主要载体。科学合理、运行有效的政治制度能够不断增强国家政权的权威性与合法性，能够平衡与协调各种复杂社会利益关系，维护社会安定和谐，最终实现国家的政治安全。政治制度体现着国家政权的性质和主流意识形态，是保护政权安全和意识形态安全的制度外壳，政治制度的安全是国家政治安全的直接体现和重要标志。对中国而言，中国特色社会主义政治制度是政治安全的根本保证。根本政治制度和基本政治制度与人民民主专政的社会主义国家政权性质紧密相连，旨在发挥社会主义国家政权的职能和保证人民当家作主的政治权利，是中国特色社会主义制度的重要特征与现实运行基础。

（三）突出以经济安全为基础，强化应对风险的物质前提

经济发展水平和经济实力是各国综合国力竞争的基础，经济发展水平与质量直接关系到国家的发展与稳定。同样，社会治理、生态环境保护等非传统安全领域也需要巨大的资金投入，也必须以经济的发展为基本前提。因此，经济安全既是国家安全体系的重要组成部分，也是实现和维护国家安全的重要基础。新时代经济安全是指国家基本经济制度和社会主义市场经济秩序，以及关系国民经济命脉的重要行业和关键领

域、重点产业、重大基础设施和重大建设项目等重大经济利益不受内外各种威胁的状态，以及保障经济安全和发展的能力。经济安全是国家安全的基础，不仅关乎经济主权的独立和社会可持续发展，而且制约其他领域的国家安全能力。

基本经济制度安全是直接关乎经济安全的首要因素。基本经济制度是经济基础的具体实现形式和制度化保障，既反映和体现着经济基础的性质，又是维护和巩固经济基础的重要抓手。基本经济制度受到破坏将直接危及经济基础安全乃至政权安全。基本经济制度也是保障经济安全运行的现实基础，规范和指引着经济发展的价值取向。基本经济制度安全得不到保障，经济发展的安全也难以实现。以公有制为主体、多种所有制经济共同发展的基本经济制度，既是由中国的社会主义国家性质和社会主义初级阶段的基本国情决定的，也是维护和实现经济安全的必然要求。

在国家开展对外经济交往的过程中必须维护经济主权和经济安全。中国与国际社会的互动交流是涵盖经济、社会、文化等多个领域的，其中经济在今后相当长的一段时间内都将处于核心地位。经济全球化使各国经济联系日益紧密，世界经济危机与不确定性也给国家的经济主权带来风险与挑战并直接影响经济安全。当前，世界百年未有之大变局加速演进，逆全球化思潮抬头，单边主义、保护主义明显上升，世界经济复苏乏力，局部冲突和动荡频发，全球性问题加剧，世界进入新的动荡变革期。有效应对当前国际形势，有效破解全球化、逆全球化带来的双重风险，要求我们正确认识世界经济发展潮流，加快构建新发展格局，实现内部可循环，并依托我国超大规模市场优势吸引全球资源要素，增强国内国际两个市场两种资源联动效应。维护好经济安全特别是粮食安全、能源安全、产业链供应链安全。

（四）重视以军事、科技、文化、社会安全为保障，锻造应对风险的坚实平台

国家间的竞争归根结底是实力的比拼，硬实力和软实力共同构成了维护和实现国家利益的基础。与此相对应，国家安全所包含的内容可以大致分为“硬实力安全”与“软实力安全”两个方面。军事安全作为国家安全最本源和最直观的内涵之一，是硬实力安全最典型的一个方面，文化安全和社会安全则因为对国家总体安全影响的广泛性而成为软实力安全的突出方面。

军事安全是实现和维护国家安全的必要手段。军事安全是国家安全中最传统和最主要的一个方面，是国家安全体系的重要组成部分，也是国家安全体系中其他各方面安全的重要保障条件。党的十八大以来，以习近平同志为核心的党中央准确把握国防和军队建设的规律与特点，明确了党在新形势下的强军目标，强调要深刻认识军队在国家安全和发展战略全局中的重要地位和作用，坚持把国家主权和安全放在第一位，坚持军事斗争准备的龙头地位不动摇。面对国内外现实威胁和挑战，军事力量仍然是捍卫国家安全特别是领土主权安全的重要现实基础，仍然是维护和平安定环境以确保经济建设顺利开展的前提和保障。

科技安全是国家安全的重要组成部分，是塑造中国特色国家安全的物质技术基础，是支撑和保障其他领域安全的力量源泉和逻辑起点。新时代经济社会发展，迫切要求全面提升科技实力和科技安全保障能力，在更大范围、更高水平上发挥科技创新对国家安全的支撑作用。高端科

学技术已经是现代国家竞争的重要利器，但真正的核心技术不是靠钱就能买来的，必须把创新放在我国现代化建设的核心地位，紧紧抓住新一轮科技革命的机遇，把握创新主动权。当前，要努力破除一切制约科技创新的思想障碍和制度藩篱，坚持把科技自立自强作为国家发展的战略支撑，不断增强科技支撑国家安全的体系化能力。努力破除以传统安全观看待科技安全风险的束缚，加快国家创新体系和能力建设，加速推动信息领域核心技术突破，构建关键信息基础设施安全保障体系，增强网络安全防御能力和威慑能力，切实保障国家数据安全，推进科技自立自强。

文化安全是国家软实力安全的重要标志和保障。文化是民族的血脉和精神家园，是构成国家与民族认同的重要根基，是维系民族和国家共同体的认知基础。作为上层建筑的重要组成部分，文化发挥着传承价值观念、塑造共同认知、影响思想观念的重要作用。当今世界，软实力已成为国家综合实力的重要组成部分，文化则是国家软实力的根基和重要体现，“文化软实力”主要是指涵盖一国传统文化和现代文化共同具有的、体现鲜明的民族精神特质的精神魅力和影响力。对于中国而言，要实现中华民族伟大复兴的中国梦，提高国家文化软实力是关键。

社会安全是直接关系国家安全的关键环节。社会是国家的现实运行基础，同时规定着人的本质，即“一切社会关系的总和”。作为联结国家与个人的中介，社会安全既影响着个人安全也直接关乎国家总体安全，从而构成了国家安全的社会基础。社会安全最主要和最突出的威胁就是社会矛盾与社会问题。这些社会问题与矛盾涵盖了医疗、就业、教育、住房、养老、食品安全、环境保护、公共卫生等与广大人民群众的日常生活息息相关的方方面面。从根本上来说，社会问题与矛盾的根源就是人民的基本权利没有得到充分的保障，各种切身利益缺乏有效的维护。因此，破解社会稳定难题的实质和关键就是维权，即维护人民群众的权利。

（五）注重以促进国际安全为依托，形成应对风险的命运共同体

外部安全要随着全球一体化程度不断加深，各国利益相互交织，相互依存程度不断提高，一方面单凭一己之力解决所有安全问题已不可能，另一方面国内安全、国际安全、全球安全问题相互交叉，别国的安全问题或国际安全问题随时可能影响本国安全。贯彻总体国家安全观必须注重以促进国际安全为依托，其本质就是为了实现共同安全，共同安全意味着要尊重和保障每一个国家的安全，同时注重对外求和平、求合作、求共赢，共同推动建设持久和平、普遍安全、共同繁荣、开放包容、清洁美丽的世界。

世界和平、发展、合作、共赢是时代潮流。当今世界正经历百年未有之大变局，和平与发展仍是时代主题，和平、发展、合作、共赢是不可阻挡的时代潮流，旧的殖民体系早已土崩瓦解，“冷战”时期的集团对抗也不复存在，任何国家或国家集团都再也无法单独主宰世界事务。习近平总书记指出：“要跟上时代前进步伐，就不能身体已进入二十一世纪，而脑袋还停留在过去，停留在殖民扩张的旧时代里，停留在冷战思维、零和博弈的老框框内。”党的二十大报告指出：“当前，世界之变、时代之变、历史之变正以前所未有的方式展开。一方面，和平、发展、合作、共赢的历史潮流不可阻挡，人心所向、大势所趋决定了人类前途

终归光明。另一方面，恃强凌弱、巧取豪夺、零和博弈等霸权霸道霸凌行径危害深重，和平赤字、发展赤字、安全赤字、治理赤字加重，人类社会面临前所未有的挑战。世界又一次站在历史的十字路口，何去何从取决于各国人民的抉择。”今天的人类比以往任何时候都更有条件朝着和平与发展的目标迈进，推进合作共赢就是实现这一目标的现实途径。

中国始终不渝地走和平发展道路。不同于近代历史上西方一些大国通过殖民、掠夺、战争等方式实现强大，中国是通过中国人民自身的勤劳智慧、通过与世界各国合作共赢实现持续发展。中国是世界上唯一将“坚持和平发展道路”载入宪法的国家，一个有着 14 亿多人口的大国坚持走和平发展道路，本身就是维护世界和平的稳定而强大的力量。党的二十大报告科学分析国际国内形势发展，明确强调中国式现代化是走和平发展道路的现代化，鲜明指出：“我们坚定站在历史正确的一边、站在人类文明进步的一边，高举和平、发展、合作、共赢旗帜，在坚定维护世界和平与发展中谋求自身发展，又以自身发展更好维护世界和平与发展。”

在维护内部安全的同时，要注重维护外部安全。自身安全和共同安全是国家安全的两个层面。以促进国际安全为依托，揭示出互利共赢的“共享安全”，其本质就是为了实现共同安全。共同安全意味着要尊重和保障每一个国家的安全，在注重维护本国利益的同时，共同推动建设持久和平、普遍安全、共同繁荣、开放包容的世界。在世界大系统中，许多安全问题都是全球性的，各国都必须参与全球治理。没有任何一个国家能凭一己之力谋求自身绝对安全，也没有一个国家可以从别国的动荡中收获稳定。因此，总体国家安全观，是“你安全所以我才安全”的人类新安全观，既不走西方安全扩张的老路，也不重蹈诸如“修昔底德陷阱”之类的历史安全悲剧，实现了自身安全与共同安全的高度融合。在维护共同安全上，中国不仅注重发出和平声音，还不断展示和平行动。从在上海合作组织成员国元首理事会第二十三次会议上倡导“维护地区和平，保障共同安全”，到在金砖国家领导人第十五次会晤上提出“拓展政治安全合作，维护和平安宁”，再到在金砖国家领导人巴以问题特别视频峰会上呼吁“冲突各方要立即停火止战”……在习近平外交思想引领下，中国持续推动落实全球安全倡议，构建人类命运共同体，为动荡不安的国际局势注入稳定性和正能量。

第11章

增强开创未来能力，擘画蓝图、实现复兴

百年交汇，谋篇布局。经过全党全国各族人民持续奋斗，我们实现了第一个百年奋斗目标，在中华大地上全面建成小康社会，历史性地解决了绝对贫困问题，正意气风发向着全面建成社会主义现代化强国的第二个百年奋斗目标迈进。统筹中华民族伟大复兴的战略全局和世界百年未有之大变局，擘画新发展格局蓝图，是以习近平同志为核心的党中央根据我国发展阶段、环境、条件变化，审时度势作出的重大决策，也是中国共产党接续奋斗、开创未来的题中应有之义。开创未来能力是提升中国共产党领导力的不竭动力，为实现民族复兴注入强大动能。面向未来，我们党必须排除各种干扰，保持越遇风浪越笃定的战略定力，把握越加深化越正确的改革方向，发扬越是艰险越向前的斗争精神，在危机中育先机、于变局中开新局，不断增强开创未来能力，在世界百年未有之大变局中实现中华民族伟大复兴。

一

实现高质量发展是开创未来的题中应有之义

党的二十大报告指出:“高质量发展是全面建设社会主义现代化国家的首要任务。”“没有坚实的物质技术基础，就不可能全面建成社会主义现代化强国。”我国经济已转向高质量发展阶段，经济社会发展必须以推动高质量发展为主题。实现高质量发展是解决我国发展不平衡不充分问题、以中国式现代化全面推进中华民族伟大复兴的必然要求。

着力构建高水平社会主义市场经济体制。坚持“两个毫不动摇”，充分发挥市场在资源配置中的决定性作用，更好发挥政府作用，营造好的政策和制度环境，提高国有企业核心竞争力，促进民营经济发展壮大，支持中小微企业发展，让国企敢干、民企敢闯、外企敢投。深化“放管服”改革，营造市场化、法治化、国际化一流营商环境。建设高标准市场体系，深化要素市场化改革，加快构建高效规范、公平竞争、充分开放的全国统一大市场。推进能源、铁路、电信、公用事业等行业竞争性环节市场化改革。为资本设置“红绿灯”，依法加强对资本的有效监管，依法规范和引导资本健康发展。

着力推进城乡融合发展和区域协调发展。全面实施乡村振兴战略，加快构建现代农业产业体系、生产体系、经营体系，加快推进农业农村现代化。推进以人为核心的新型城镇化，加快农业转移人口市民化，优化城镇化空间布局，进一步完善城乡融合发展体制机制。深入实施区域协调发展战略、区域重大战略、主体功能区战略，构建优势互补、高质量发展的区域经济布局和国土空间体系。推进京津冀协同发展、长江经济带发展、粤港澳大湾区建设、长三角一体化发展，推动黄河流域生态保护和高质量发展。加大力度支持特殊类型地区发展，在发展中促进相对平衡。

着力推进高水平对外开放。持续深化商品、服务、资金、人才等要素流动型开放，稳步扩大规则、规制、管理、标准等制度型开放，依托我国超大规模市场优势，吸引全球资源要素。推动货物贸易优化升级，创新服务贸易发展机制，实施自贸试验区提升战略，加快建设海南自由贸易港，支持跨境电商、海外仓等发展，加大吸引外资力度，推动重大外资项目落地，持续完善外资安全审查机制，深化双边、多边、区域合作，推动共建“一带一路”高质量发展，构建互利共赢、多元平衡、安全高效的开放型经济体系。

当前，中国已进入近代以来最好的发展时期。综合国力发展之快、世界影响之大百年未有，世界贡献、大国责任的快速增长百年未有，道路、理论、制度和文化自信百年未有。久经磨难的中华民族迎来了从站起来、富起来到强起来的伟大飞跃，迎来了实现中华民族伟大复兴的光明前景。与此同时，也应看到，我国发展环境面临着深刻复杂变化，当前和今后一个时期，我国发展仍然处于重要战略机遇期，但机遇和挑战都有新的发展变化。对中国发展来说，五年规划是党治国理政的重要方式，也是量度中国发展步伐的显著标志。从 1953 年新中国开始实施第一个五年计划，到 2020 年“十三五”规划完成，“中国之治”在一个接一个五年规划（计划）的发展中越来越成熟。

但是，我们也要清醒地看到，国际环境日趋复杂，不稳定性不确定性明显增加，单边主义、保护主义、霸权主义对世界和平与发展构成威胁。在此期间，我国面临的外部压力会继续增大，有些国家可能会对我国发起更多具有破坏力的贸易摩擦，会设法从金融方面对我国实施压制，会采取更强硬的限制措施阻碍我国走向科技强国，会利用话语权优势、利用各种途径对我国政治、文化等各方面进行抹黑，企图通过“攻心”遏制我国政治、文化等方面的国际影响力。从国内来看，人民日益增长的美好生活需要和不平衡不充分的发展之间的矛盾是社会主要矛盾，我国重点领域关键环节改革任务仍然艰巨，创新能力不适应高质量发展要求，农业基础还不稳固，城乡区域发展和收入分配差距较大，生态环保任重道远，民生保障存在短板，社会治理还有弱项。但我国已转向高质量发展阶段，制度优势显著，治理效能提升，经济长期向好，物质基础雄厚，人力资源丰富，市场空间广阔，发展韧性强劲，社会大局稳定，继续发展具有多方面优势和条件。中国不仅是新兴市场和发展中经济体经济增长的关键引擎，而且成为全球经济复苏的重要贡献者。

在国际环境日趋复杂、不稳定性不确定性明显增加的背景下，中国共产党如何统筹中华民族伟大复兴战略全局和世界百年未有之大变局，备受世界瞩目。党的十九届五中全会审议通过的《中共中央关于制定国民经济和社会发展第十四个五年规划和二〇三五年远景目标的建议》，明确了“十四五”时期经济社会发展的基本思路、主要目标以及 2035 年远景目标，为中国发展擘画了波澜壮阔的新图景，为中国共产党作为百年大党接续奋斗、开创未来提供了重要指引。在中国共产党坚强领导下，统筹“两个大局”、构建新发展格局，努力实现更高质量、更有效率、更加公平、更可持续、更为安全的发展，持续推进中华民族伟大复兴。同时，中国共产党谋划未来的远见卓识和继往开来的历史担当也将自身发展同世界繁荣发展相统一。“十四五”规划具有很强的未来导向，面向更加长远的未来，而不仅仅是未来五年。开创未来，中国向世界发出明确信息：中国乘势而上开启全面建设社会主义现代化国家的新征程，也将成为与世界各国互利共赢、共同繁荣发展的新征程。

二

构建新发展格局，面向未来展现党的坚强领导力

“举一纲而万目张，解一卷而众篇明。”改革开放已走过千山万水，但仍需跋山涉水。当前，世界百年未有之大变局加速演进，国际环境发生深刻变化，我们前进道路上还面临很多风险挑战。党的二十大报告明确了前进道路上必须牢牢把握的“五个重大原则”，其中之一就是“坚持深化改革开放”。习近平总书记强调：“深入推进改革创新，坚定不移扩大开放，着力破解深层次体制机制障碍，不断彰显中国特色社会主义制度优势，不断增强社会主义现代化建设的动力和活力，把我国制度优势更好转化为国家治理效能。”迈上全面建设社会主义现代化国家、以中国式现代化全面推进中华民族伟大复兴的新征程，我国发展进入战略机遇和风险挑战并存、不确定难预料因素增多的时期，我们要更加紧密地团结在以习近平同志为核心的党中央周围，坚持以习近平新时代中国特色社会主义思想为指导，坚持依靠改革开放增强发展内生动力，统筹推进深层次改革和高水平开放，深化重点领域改革，加强营商环境建设，稳步扩大规则、规制、管理、标准等制度型开放，全方位大力度推进首创性改革、引领性开放，加强改革系统集成，不断解放和发展社会生产力、激发和增强社会活力，以中国式现代化为推动实现世界各国的现代化提供新机遇。

善于运用改革思维和发展办法，继续用足用好改革这个关键一招。党的十八大以来，围绕落实新发展理念、推动高质量发展、扩大对外开放，党推出一系列重大改革举措，形成了一系列理论成果、制度成果、实践成果。要运用好这些改革成果，在抓落地见实效上加大力度、加快进度、拓展深度。要统筹考虑短期应对和中长期发展，既在战略上布好局，也在关键处落好子。要加快推进有利于提高资源配置效率的改革，使生产、分配、流通、消费更多依托国内市场，提升供给体系对国内需求的适配性，形成需求牵引供给、供给创造需求的更高水平动态平衡。要加快有利于提高发展质量和效益的改革，以科技创新催生新发展动能，提升产业链供应链现代化水平，加快关键核心技术攻关，打造未来发展新优势。要加快推进有利于调动各方面积极性的改革，聚焦重点问题，加强改革举措的系统集成、协同高效，打通淤点堵点，激发整体效应，使各项改革朝着推动形成新发展格局聚焦发力。要把构建新发展格局同实施国家区域协调发展战略、建设自由贸易试验区等衔接起来，积极打造改革开放新高地。要加强改革前瞻性研究，把握矛盾运动规律，守正创新、开拓创新，更加积极有效应对不稳定不确定因素，拓展政策空间，提升制度张力。

坚持扩大内需这个战略基点，加快培育完整内需体系。当前，国际投资、贸易萎缩，我们面临的外部经济环境、内部经济形势复杂严峻，但是我国经济潜力足、韧性强、回旋空间大、政策工具多的基本特点没有变。以国内大循环为主体，当前重中之重就是要按照习近平总书记“畅通产业循环、市场循环、经济社会循环”的重要指示精神，确保我国经济循环畅通高效。依托强大国内市场，贯通生产、分配、流通、消费各环节，打破行业垄断和地方保护，形成国民经济良性循环。优化供给结构，改善供给质量，提升供给体系对国内需求的适配性。完善扩大内需的政策支撑体系，形成需求牵引供给、供给创造需求的更高水平动态平衡。同时立足国内大循环，发挥比较优势，协同推进强大国内市场和贸易强国建设，以国内大循环吸引全球资源要素，充分利用国内国际两个市场两种资源，积极促进内需和外需、进口和出口、引进外资和对外投资协调发展，促进国际收支基本平衡。把实施扩大内需战略同深化供给侧结构性改革有机结合起来，以创新驱动、高质量供给引领和创造新需求。

实施更大范围、更宽领域、更深层次对外开放，促进国际合作互利共赢。新发展格局中的国内国际双循环是一个相互联系、相互促进的整体，并不是关起门来封闭运行，而是要通过发挥内需潜力，使国内市场和国际市场更好联通，更好利用国际国内两个市场、两种资源，实现更加强劲、可持续的高质量发展。努力成为开放型世界经济的建设者，全面提高对外开放水平，充分发挥国内超大规模市场优势，通过繁荣国内经济、畅通国内大循环为我国经济发展增添动力，推动贸易和投资自由化便利化，推进贸易创新发展，增强对外贸易综合竞争力，建设更高水平开放型经济新体制。努力成为全方位、全领域开放格局的实践者，坚持共商共建共享原则，秉持绿色、开放、廉洁理念，深化务实合作，加强安全保障，促进共同发展，推动共建“一带一路”高质量发展。努力倡导构建人类命运共同体，积极参与全球经济治理体系改革。坚持平等协商、互利共赢，推动二十国集团等发挥国际经济合作功能，推动完善更加公正合理的全球经济治理体系。积极参与多边、双边区域投资贸易合作机制，推动新兴领域经济治理规则制定，构建新型国际关系，不断寻求人类发展最大公约数，推动人类社会共同进步。

一切伟大成就都是接续奋斗的结果，一切伟大事业都需要在继往开来中推进。改革不停顿，开放不止步。“中国改革开放永远在路上。”不论世界发生什么样的变化，中国改革开放的信心和意志都不会动摇。新时代新征程中国共产党领导人民将继续自强不息、自我革新，以一往无前的奋斗姿态、风雨无阻的精神状态，在更高起点上推进改革开放，坚定不移朝着强国建设、民族复兴的宏伟目标奋勇前进，在中国式现代化的康庄大道上谱写时代华章。

三

面向未来，党增强开创未来能力的重要着力点

中国革命、建设和改革的道路从来都不是平坦的，而是经历了千难万险才取得了今日的辉煌成就。新时代推进中国特色社会主义现代化建设、实现中华民族伟大复兴的中国梦，在当前形势下育先机开新局，必然会遇到来自方方面面的重大挑战、重大风险、重大干扰。全党要统筹“两个大局”，构建新发展格局，必须排除各种干扰，保持越遇风浪越笃定的战略定力，把握越加深化越正确的改革方向，发扬越是艰险越向前的斗争精神，始终站在历史正确的一边，坚定自信、沉着应对、积极作为、坚定地面向未来。

（一）保持战略定力、拓展战略远见

在中华民族伟大复兴战略全局和世界百年未有之大变局的交织作用下，中国发展面临的机遇前所未有，遭遇的风险和挑战也前所未有。中华民族伟大复兴绝不是轻轻松松、敲锣打鼓就能实现的，越是接近奋斗目标，前进阻力和压力也就越大。在国内，经过40多年改革开放，经济社会各领域发生了深刻变化，改革发展进入攻坚期和深水区，剩下的都是难啃的硬骨头。在国际上，随着中国国力和影响力不断提升，以美

国为首的西方国家不断加大对华打压与遏制，我国发展面临的不稳定性不确定性因素增加。着眼实现中华民族伟大复兴战略全局和世界百年未有之大变局，中国共产党要保持“乱云飞渡仍从容”的战略定力，既要在道路、方向、立场等重大原则问题上旗帜鲜明、态度坚决，又要保持稳中求进的工作总基调，冷静观察、谋定后动，牢牢把握战略主动权，在变局中把握抓住中国发展的重要战略机遇期。

保持战略定力，全面推进改革开放并深入参与经济全球化进程。把握新时代中国特色社会主义的历史方位，既要看到中国发展的“三个前所未有”，也要切实理解我国仍处于并将长期处于社会主义初级阶段的基本国情没有变、我国是世界最大发展中国家的国际地位没有变这“两个没有变”。牢牢把握社会主义初级阶段这个基本国情，立足社会主义初级阶段这个最大实际，着眼到2035年基本实现社会主义现代化，到本世纪中叶把我国建成富强民主文明和谐美丽的社会主义现代化强国，统筹推进“五位一体”总体布局、协调推进“四个全面”战略布局，不断完善和发展中国特色社会主义制度，推进国家治理体系和治理能力现代化。同时，中国发展离不开全面对外开放和深度参与经济全球化，这是40多年改革开放得出的重要历史经验。要坚持对外开放这个基本国策，坚定不移实行更高水平开放，推动形成政策沟通、道路连通、贸易畅通、货币流通、民心相通的全球一体化新格局，为世界经济复苏提供新动力、为经济全球化提供新平台、为全球治理提供新路径、为人类文明交流互鉴提供新纽带。

拓展战略远见，在实现中华民族伟大复兴中推动构建人类命运共同体。中国共产党心系人民，又胸怀世界。中国共产党首先以实现中华民族伟大复兴为己任，这是近代以来中华民族最伟大的梦想，同时又有推动人类发展进步、推动构建人类命运共同体的责任担当。当今世界正处于大发展大变革大调整时期，人类正处在一个挑战层出不穷、风险不断显现的时代。2016 年 9 月 3 日，习近平主席在二十国集团工商峰会开幕式上的主旨演讲中指出："在经济全球化的今天，没有与世隔绝的孤岛。同为地球村居民，我们要树立人类命运共同体意识。"习近平总书记站在人类发展进程的高度，以大国领袖的责任担当，着眼人类历史发展潮流和中国自身发展需要提出的人类命运共同体理念，顺应历史潮流，凝聚各国共识，为世界实现共同愿景提供了中国方案，对中国的和平发展、世界的繁荣进步都具有重大意义。中国梦携手世界梦，表明中国人民在追求"两个一百年"奋斗目标和中华民族伟大复兴中国梦的同时，正在通过更为积极的全球参与来推动世界的和平与发展，充分展现了中国外交为民族复兴尽责、为人类进步担当的重要使命。

提升战略自信，积极为世界发展贡献中国智慧和中国方案。习近平总书记指出："一个国家实行什么样的主义，关键要看这个主义能否解决这个国家面临的历史性课题。"中国共产党始终坚持把马克思主义基本原理同中国具体实际相结合、同中华优秀传统文化相结合，带领中国人民建立了中华人民共和国，确立了社会主义基本制度，进行了改革开放新的伟大革命，开辟了中国特色社会主义道路，使中国大踏步赶上时代，以不容置疑的伟大历史成就彰显了中国特色社会主义道路自信、理论自信、制度自信和文化自信。与世界交流和分享中国治国理政经验，可以为全球发展问题的解决提供新经验，为发展中国家探索自主发展道路提供新启示，有力推动着国际秩序的发展变革，彰显着中国作为发展中大国对人类社会发展的贡献和价值。

强调战略运筹，努力推动党和国家事业的全面发展并妥善处理中国与外部世界关系。在国内，要始终坚持党对一切工作的领导，坚持以人民为中心，以“五位一体”和“四个全面”为统领，全面推进改革和发展进程，推进“两个阶段”实现社会主义现代化强国建设的伟大征程。同时，要有效统筹国内国际两个大局，统筹发展和安全两件大事，在错综复杂的国际形势下妥善处理好与外部世界的关系。我们要以推动构建人类命运共同体为引领，积极推动建设相互尊重、公平正义、合作共赢的新型国际关系，打造对话不对抗、结伴不结盟的全球伙伴关系网络，以亲诚惠容理念打造周边命运共同体，以均衡稳定为目标积极运筹新型大国关系，以正确义利观深化同发展中国家的团结合作，以“一带一路”推动世界实现互利共赢共同发展，以更大程度参与全球治理彰显中国大国责任，始终做世界和平的建设者、全球发展的贡献者、国际秩序的维护者。

（二）全面深化改革、把握正确方向

我国已经迈入全面建设社会主义现代化国家的新发展阶段，开启向第二个百年奋斗目标进军的新征程，全面深化改革既面临难得的机遇，也面临更为严峻的考验。习近平总书记鲜明指出，“问题的实质是改什么、不改什么……我们不断推进改革，是为了推动党和人民事业更好发展，而不是为了迎合某些人的‘掌声’”。增强把握改革正确方向的领导能力，需要强化总体性思维、底线思维和风险意识，增强维护经济基础和阶级基础的能力，增强处理市场和政府关系的能力，增强防范化解重大风险的能力，把正确的政治方向贯彻到战略谋划和政策制定的实践中。

增强维护经济基础和阶级基础的能力。改革需要强化总体性思维，坚持经济基础和阶级基础的统一、公平和效率的统一、物质基础和文明基础的统一，逐步纠正在经济体制改革问题上单一的经济思维。体现在所有制形式的改革上，党的政治领导力的增强，应在坚持“两个毫不动摇”的基础上，进一步深入把握市场经济的要求和社会主义价值原则的要求的辩证统一。公有制经济的主体地位是定量与定性的统一，一方面基于经济功能和政治功能的统一性，推动全面从严治党和深化国有企业改革相互促进；另一方面基于经济基础和阶级基础的一致性，切实保障劳动者的主人翁地位。习近平总书记指出：“不论时代怎样变迁，不论社会怎样变化，我们党全心全意依靠工人阶级的根本方针都不能忘记、不能淡化，我国工人阶级地位和作用都不容动摇、不容忽视。”工人阶级作为领导阶级的政治话语只有真正深入工人阶级的内心，党的政治领导力的意义才能充分体现出来。

增强处理市场和政府关系的能力。全面深化改革，构建高水平社会主义市场经济体制，要坚持和完善社会主义基本经济制度，充分发挥市场在资源配置中的决定性作用，更好发挥政府作用，推动有效市场和有为政府更好结合。毫不动摇巩固和发展公有制经济，毫不动摇鼓励、支持、引导非公有制经济发展，激发各类市场主体活力。健全以国家发展规划为战略导向，以财政政策和货币政策为主要手段，就业、产业、投资、消费、环保、区域等政策紧密配合，目标优化、分工合理、高效协同的宏观经济治理体系。健全市场体系基础制度，坚持平等准入、公正监管、开放有序、诚信守法，形成高效规范、公平竞争的国内统一市场。加快转变政府职能。建设职责明确、依法行政的政府治理体系。深化简政放权、放管结合、优化服务改革，全面实行政府权责清单制度。

增强防范化解重大风险的能力。中国共产党是生于忧患、成长于忧患、壮大于忧患的政党。当前，我国正处于大有可为的历史机遇期，发展形势总体是好的，但前进道路不可能一帆风顺，越是取得成绩的时候，越要有如履薄冰的谨慎，越要有居安思危的忧患意识。2019 年 1 月，习近平总书记在省部级主要领导干部坚持底线思维着力防范化解重大风险专题研讨班上，提出了防范化解政治、意识形态、经济、科技、社会、外部环境、党的建设七个领域的重大风险。在道路方向上，不能在根本性问题上犯颠覆性错误，不走封闭僵化的老路，也不走改旗易帜的邪路；在经济建设上，要保持经济高质量发展，坚决守住不发生系统性金融风险的底线；在全面依法治国上，坚持法律红线不能触碰、法律底线不能逾越；在生态安全上，严守生态保护红线，实行最严格的生态保护制度；在外交战略上，坚持走和平发展道路，但决不放弃正当权益，决不牺牲国家核心利益。

（三）发扬斗争精神、增强斗争本领

中国共产党是用马克思主义理论武装起来的无产阶级政党，是在斗争中诞生、斗争中成长、斗争中壮大的政党。习近平总书记强调指出，要做敢于斗争、善于斗争的战士。回首 100 多年奋斗历程，中国共产党同帝国主义、封建主义和官僚资本主义斗争，同贫穷落后斗争，同重大自然灾害斗争，同党内腐败现象斗争，从斗争中一路走来。没有斗争精神，中国共产党就不可能带领中国人民建立新中国，也不可能实行改革开放，更不可能有新时代的历史性成就、历史性变革。开启第二个百年奋斗目标新征程，统筹中华民族伟大复兴战略全局和世界百年未有之大变局，中国共产党人继往开来、开创未来，必须坚持不懈地发扬斗争精神、增强斗争本领，化解前进道路上的各种风险挑战，必能赢得更加光明的未来。

发扬斗争精神，加强斗争磨砺。社会是在矛盾运动中前进的，有矛盾就会有斗争。斗争精神、斗争本领并不是与生俱来的，必须在严格的思想淬炼、政治历练、实践锻炼中培养和造就。“刀在石上磨，人在事上练。”当前，我们面临的形势非常严峻，遇到的挑战前所未有，但退缩没有出路，必须迎难而上，敢于针锋相对，不在困难面前低头，不在挑战面前后退，不在任何压力下吞下损害中华民族利益的苦果。要充分认识当前斗争的长期性、复杂性、艰巨性，坚持以习近平新时代中国特色社会主义思想为指导，掌握其中蕴含的立场观点方法，做到理论上清醒、政治上坚定，以百折不回的毅力战胜所面临的各种困难，排除所遇到的各种干扰，在重大斗争中练胆魄、磨意志、长才干，以“踏平坎坷成大道，斗罢艰险又出发”的顽强意志，勇立潮头、奋力搏击，夺取育先机、开新局的新胜利。

明确斗争任务，强化斗争意识。中国共产党人的斗争，从来都是奔着矛盾问题、风险挑战去的。新时代中国特色社会主义发展遇到的风险挑战必不会少，面临的重大斗争必不会少。西方国家对我国实施西化分化图谋、境内外各种敌对势力骚扰寻衅、经济科技领域重大风险、意识形态领域错误思潮，以及党内存在的各种不正之风和消极腐败现象等，都是共产党人坚决斗争的对象和任务。在长期和平的环境下，有一些人滋生“刀枪入库、马放南山”的懈怠情绪，逐渐丧失斗争意志，不愿斗争、不敢斗争。思想认识问题关系党和国家事业发展的兴衰成败，增强斗争意识是全党的共同责任，无论是领导干部还是普通党员，都要时刻准备斗争，自觉投身各种斗争，在大是大非面前站稳立场，在矛盾冲突面前挺身而出，在困难危险面前迎难而上。对潜在的风险有科学预判的能力，知道风险在哪里、是怎样表现的、接下来会怎样发展，坚定不移地斗争下去。

增强斗争本领，讲求斗争策略。斗争是一门艺术，只有斗争的勇气是远远不够的，还要讲求斗争的策略方法，把握事物发展的规律。在重大斗争面前，牢固树立大局意识，准确把握大势，精准把控走势，攥紧斗争的主动权和主导权。抓住主要矛盾和矛盾的主要方面，坚持有理有利有节，善于选择斗争方式、把握斗争火候，在原则问题上寸步不让，在策略问题上灵活机动，在坚决维护我国根本利益的前提下，形成和而不同、斗而不破的相处之道。要根据形势需要，把握时、度、效，及时调整斗争策略。团结一切可以团结的力量，调动一切积极因素，在斗争中争取团结，在斗争中谋求合作，在斗争中实现共赢。在复杂多变的国际局势中，坚定不移走和平发展道路，不因一时一事或某些人、某些国家的言论和行为而受到影响，而是面向未来、把好方向、内外统筹、稳中求进。

第12章

在党的坚强领导下全面建成社会主义现代化强国

全面建成社会主义现代化强国是中华民族近代以来始终不渝的奋斗目标。党的二十大对我国社会主义现代化建设作出了新的战略安排:“全面建成社会主义现代化强国，总的战略安排是分两步走：从二〇二〇年到二〇三五年基本实现社会主义现代化；从二〇三五年到本世纪中叶把我国建成富强民主文明和谐美丽的社会主义现代化强国。”办好中国的事情关键在党，全面建成社会主义现代化强国关键在党的坚强领导。我们要不断提高党领导全面推进中国式现代化的能力和水平，确保全面建成社会主义现代化强国的战略目标如期实现。

一 建成社会主义现代化强国是党的不懈追求

中国共产党成立之后，就把建立一个社会主义国家作为自己的奋斗目标。1945 年抗日战争胜利前夕，在党的七大报告《论联合政府》中，毛泽东指出："在抗日结束以后，可以预断，中国工人阶级的努力和贡献将会是更大的。中国工人阶级的任务，不但是为着建立新民主主义的国家而斗争，而且是为着中国的工业化和农业近代化而斗争。"在党的七届二中全会上，毛泽东又提出了"使中国稳步地由农业国转变为工业国"的奋斗目标。新中国的成立，为建设社会主义现代化国家奠定了坚实基础，党带领人民开启了建设社会主义国家的伟大征程。

（一）"四个现代化"宏伟目标

1949 年新中国成立时，由于遭受了近代以来百年战乱和动荡，中国成为世界上最贫穷落后的国家之一。初创的新中国可谓"一穷二白"："'穷'，就是没有多少工业，农业也不发达。'白'，就是一张白纸，文化水平、科学水平都不高。"面对一穷二白、百废待举的经济局面，党和人民的首要任务就是医治战争创伤，迅速恢复国民经济，巩固新生的人民政权。经过努力奋斗，1952 年，我国工农业总产值 810 亿元，比1949年增长77.6%，其中工业总产值增长145.1%，农业总产值增长48.4%。但是，现代工业产值在全国工农业总产值中的比重只占43.1%，而重工业在工业总产值中只占35.5%，许多重要工业品的人均产量不仅远远落后于工业发达国家，也低于印度这样的新兴独立国家。1953年，中国人民取得了抗美援朝战争的伟大胜利，中国获得了相对和平稳固的外部发展环境。在这种情况下，社会主义现代化建设的任务就更加迫切地摆在了党的面前。

1957年2月，毛泽东在《关于正确处理人民内部矛盾的问题》中提出："将我国建设成为一个具有现代工业、现代农业和现代科学文化的社会主义国家。"1959年12月到1960年2月，毛泽东在读苏联《政治经济学（教科书）》时说："建设社会主义，原来要求是工业现代化，农业现代化，科学文化现代化，现在要加上国防现代化。"由此，毛泽东较完整地提出了"四个现代化"的内容。1960年2月，周恩来在读苏联《政治经济学（教科书）》时，将"科学文化现代化"改称"科学技术现代化"。1963年1月，周恩来在上海市科学技术工作会议上称："我国过去的科学基础很差。我们要实现农业现代化、工业现代化、国防现代化和科学技术现代化，把我们祖国建设成为一个社会主义强国，关键在于实现科学技术的现代化。"1964年12月到1965年1月，第三届全国人民代表大会第一次会议举行，周恩来在会上向全国人民宣布实现"四个现代化"的任务："今后发展国民经济的主要任务，总的说来，就是要在不太长的历史时期内，把我国建设成为一个具有现代农业、现代工业、现代国防和现代科学技术的社会主义强国，赶上和超过世界先进水平。"1975年1月，周恩来在《政府工作报告》中宣布："从第三个五年计划开始，我国国民经济的发展，可以按两步来设想：第一步，用十五年时间，即在一九八〇年以前，建成一个独立的比较完整的工业体系和国民经济体系；第二步，在本世纪内，全面实现农业、工业、国防和科学技术的现代化，使我国国民经济走在世界的前列。”

新中国成立后的 30 年，党带领人民创造性完成了对农业、手工业和资本主义工商业的社会主义改造，确立了社会主义基本制度，完成了中华民族有史以来最为广泛而深刻的社会变革，为当代中国一切发展和进步奠定了政治基础。党提出了“四个现代化”宏伟目标，建立起了独立的、比较完整的工业体系和国民经济体系，进行了大规模社会主义建设，为实现社会主义现代化提供了宝贵经验、理论准备、物质基础。

（二）“三步走”战略目标

党的十一届三中全会作出把党的工作中心转移到经济建设上来、实行改革开放的历史性决策，社会主义现代化建设进入快车道。1979 年 11 月，邓小平对外国客人说：“四个现代化就是中国最大的政治。”但在改革开放之初，中国与世界发达国家的科技差距非常大，实现社会主义现代化困难重重。对此，同年 12 月，邓小平在会见日本首相大平正芳时为“四个现代化”赋予了新的内涵，他指出：“我们要实现的四个现代化，是中国式的四个现代化。我们的四个现代化的概念，不是像你们那样的现代化的概念，而是‘小康之家’。”1980 年新年伊始，邓小平就在中共中央召集的干部会议上分析了目前的形势和任务，指出：“我们从八十年代的第一年开始，就必须一天也不耽误，专心致志地、聚精会神地搞四个现代化建设。”此后，他又一再强调搞好“四个现代化”是我们当前最大的政治，并由此提出了“政治路线”的概念，指出：“我们党在现阶段的政治路线，概括地说，就是一心一意地搞四个现代化。这件事情，任何时候都不要受干扰，必须坚定不移地、一心一意地干下去。”

随着改革开放的逐步深入，邓小平越来越清醒地认识到，要真正实现“四个现代化”，还必须有一整套与之相配合的发展战略。1984 年 10 月，邓小平对现代化建设作出了两步走的战略规划。第一步，“发展经济，到本世纪末翻两番，国民生产总值按人口平均达到八百美元，人民生活达到小康水平”。在实现“小康”以后，还要继续奋斗，“在这个基础上，再发展三十年到五十年，力争接近世界发达国家的水平”。1987 年 8 月，邓小平明确提出了我国经济发展的“三步走”战略目标:“我国经济发展分三步走，本世纪走两步，达到温饱和小康，下个世纪用三十年到五十年时间再走一步，达到中等发达国家的水平。这就是我们的战略目标，这就是我们的雄心壮志。”1987 年 10 月，党的十三大召开，大会明确提出中国经济建设分“三步走”总体战略部署:“第一步，实现国民生产总值比一九八〇年翻一番，解决人民的温饱问题。这个任务已经基本实现。第二步，到本世纪末，使国民生产总值再增长一倍，人民生活达到小康水平。第三步，到下个世纪中叶，人均国民生产总值达到中等发达国家水平，人民生活比较富裕，基本实现现代化。”

为了在 21 世纪实现党的十三大提出的“三步走”宏伟目标，党的十五大又提出了“新三步走”发展战略:“展望下世纪，我们的目标是，第一个十年实现国民生产总值比二〇〇〇年翻一番，使人民的小康生活更加宽裕，形成比较完善的社会主义市场经济体制；再经过十年的努力，到建党一百年时，使国民经济更加发展，各项制度更加完善；到世纪中叶建国一百年时，基本实现现代化，建成富强民主文明的社会主义国家。”十五大提出的“新三步走”战略和十三大提出的“三步走”战略，是一脉相承的，是 21 世纪前 20 年发展战略的具体规划。到 2000 年，我国胜利地实现了“三步走”战略的第一、第二步目标，全国人民的生活总体上达到了小康水平，人均 GDP 达到 848 美元，实现了从温饱到小康的历史性跨越，中国的现代化建设事业实现了新的突破。

（三）“两个一百年”奋斗目标

党的十八大之后，中国特色社会主义进入了新时代，以习近平同志为核心的党中央带领人民站在了新的历史起点上。继承改革开放以来社会主义现代化建设伟大事业，开辟社会主义现代化建设新征程，成为新时代共产党人必须担负的新的历史使命。党的十五大已经初步提出“两个一百年”的历史命题。党的十八大以来，根据中国特色社会主义最新实践和时代特征，习近平总书记对“两个一百年”的命题进行了充实和提升。

2012 年 11 月 29 日，习近平总书记在参观《复兴之路》展览时的讲话中强调：“我坚信，到中国共产党成立 100 年时全面建成小康社会的目标一定能实现，到新中国成立 100 年时建成富强民主文明和谐的社会主义现代化国家的目标一定能实现，中华民族伟大复兴的梦想一定能实现。”

党的十八大之后，习近平总书记在不同场合、不同讲话中多次强调“两个一百年”奋斗目标，成为引领新时代全党全国各族人民锐意进取的奋斗目标。党的十九大报告在表述“两个一百年”奋斗目标时，对应生态文明建设，增加了“美丽”二字，并把“社会主义现代化国家”改为“社会主义现代化强国”，完整表述为“把我国建成富强民主文明和谐美丽的社会主义现代化强国”，这样的表述使概念更完整，内涵更丰富，目标要求也更高。

经过全党全国各族人民持续奋斗，2020 年底，第一个百年奋斗目标已经实现。2021 年 7 月 1 日，习近平总书记在庆祝中国共产党成立 100 周年大会上的讲话中庄严宣告：“我们实现了第一个百年奋斗目标，在中华大地上全面建成了小康社会，历史性地解决了绝对贫困问题，正在意气风发向着全面建成社会主义现代化强国的第二个百年奋斗目标迈进。这是中华民族的伟大光荣！这是中国人民的伟大光荣！这是中国共产党的伟大光荣！”2020 年 10 月，党的十九届五中全会审议通过了《中共中央关于制定国民经济和社会发展第十四个五年规划和二〇三五年远景目标的建议》，开启了全面建设社会主义现代化国家、向第二个百年奋斗目标进军的新征程。

在顺利实现第一个百年奋斗目标基础上，党的二十大对实现第二个百年奋斗目标作出新的战略部署，提出了新时代新征程中国共产党的使命任务：“从现在起，中国共产党的中心任务就是团结带领全国各族人民全面建成社会主义现代化强国、实现第二个百年奋斗目标，以中国式现代化全面推进中华民族伟大复兴。”党的二十大深刻揭示了中国式现代化的中国特色和本质要求，明确了到 2035 年基本实现社会主义现代化的总体目标，强调了前进道路上必须牢牢把握的重大原则，为实现第二个百年奋斗目标提供了根本遵循。

二

党的领导是全面建设社会主义现代化国家的根本保证

近代以来，面对外部西方列强侵凌欺侮和内部封建势力压榨剥削，中国人民进行了英勇不屈的抗争和奋斗，许多仁人志士和政治势力提出了各种救亡图存的方略，但都没有使中华民族摆脱战乱频仍、山河破碎、民不聊生的深重苦难。1921 年中国共产党成立之后，中国人民谋求民族独立、人民解放和国家富强、人民幸福的斗争就有了主心骨，中国人民在精神上由被动转为主动。1949 年新中国成立之后，中国共产党又继续带领人民完成了社会主义革命，确立了社会主义制度，开辟了中国特色社会主义道路，使中国大踏步赶上时代，谱写了社会主义现代化建设的壮美史诗。历史已经证明，办好中国的事情关键在党，实现社会主义现代化关键也在党，党的领导是全面建设社会主义现代化国家的根本保证。

（一）指明全面建设社会主义现代化国家的正确方向

100 多年前，中国无数仁人志士为了救亡图存、振兴中华，实现国家富强，有的远赴欧美“西天取经”，有的东渡日本寻求“他山之石”，演绎了一曲曲可歌可泣的寻路之歌。当今世界，一些追求实现现代化的国家，有的囫囵吞枣模仿“西式”发展道路，有的被强迫实行“美式”民主道路，结果水土不服、走入歧途，造成国内长期动荡，甚至发生战乱，导致经济瘫痪、民不聊生。中国的社会主义现代化建设成绩斐然、前景光明，根本原因就是中国共产党带领人民找到了一条适合中国发展的中国道路，指明全面建设社会主义现代化国家的正确方向。这条道路就是中国特色社会主义道路，这个方向就是中国特色社会主义方向。

中国共产党找到一条正确的现代化之路，是历经千辛万苦、付出巨大努力的。中国共产党成立之后，我们党为了寻找救亡图存之路，付出了艰辛努力。新中国成立之后，把落后的农业国建设成为先进的工业国，实现“四个现代化”，这是中国共产党和中国人民面临的前所未有的新课题。在成为执政党之前，我们党没有现代化建设经验，刚开始我们只能“以苏为师”。但以毛泽东同志为主要代表的中国共产党人很快就意识到“苏联模式”的局限性，提出要“以苏为鉴”，独立自主探索适合中国国情的社会主义建设道路。党的十一届三中全会之后，我们党总结历史经验教训，果断把工作中心转移到经济建设上来，作出改革开放的伟大决策，坚持走自己的路，开辟了中国特色社会主义道路，我国社会主义现代化建设走上了正确的快车道。可以说，中国特色社会主义道路是中国人民用鲜血和生命、智慧和汗水换来的，是在中华大地铸就的一条苦难辉煌之路。

中国特色社会主义道路是一条实现社会主义现代化的康庄大道。毛泽东曾指出：“我们的任务是过河，但是没有桥或没有船就不能过。不解决桥或船的问题，过河就是一句空话。”中国特色社会主义道路不仅为我们实现社会主义现代化指明了正确方向，开辟了合适道路，而且还提供了到达彼岸的“桥”和“船”。这条道路有着深厚的历史基础，它是在改革开放伟大实践中得来的，是在新中国成立以来持续探索中得来的，是在我们党领导人民进行伟大社会革命的 100 多年奋斗实践中得来的，是在近代以来中华民族由衰到盛 100 多年的历史进程中得来的，是在世界社会主义 500 多年波澜壮阔的发展历程中得来的，是在对中华文明 5000 多年的传承发展中得来的。习近平总书记指出："回首过去，全党同志必须牢记，落后就要挨打，发展才能自强。审视现在，全党同志必须牢记，道路决定命运，找到一条正确的道路多么不容易，我们必须坚定不移走下去。展望未来，全党同志必须牢记，要把蓝图变为现实，还有很长的路要走，需要我们付出长期艰苦的努力。"中国道路得来不易，我们必须始终坚定道路自信，在党的领导下沿着中国特色社会主义道路奋力实现社会主义现代化。

（二）凝聚全面建设社会主义现代化国家的强大合力

近代以来，中国屡遭西方列强的侵略欺凌，在抵抗列强侵略的战争中总是一败再败，究其原因就是中华民族在近代缺乏有效的组织和凝聚力。辛亥革命后，中国陷入四分五裂、军阀割据的局面，更难以抵抗西方列强。孙中山对此曾无奈地指出："中国的人只有家族和宗族的团体，没有民族的精神，所以虽有四万万人结合成一个中国，实在是一片散沙，弄到今日，是世界上最贫弱的国家，处国际中最低下的地位。"中国共产党成立之后，把宣传和组织民众作为重要工作，努力把全国人民的力量凝聚起来。正因为如此，中国共产党才能带领人民打败日本侵略者推翻国民党的反动统治，完成新民主主义革命。新中国成立后，我们党更加注重团结带领人民搞建设。改革开放以来，我们党团结带领人民进行改革开放的伟大革命，破除阻碍国家和民族发展的一切思想和体制障碍，开辟了中国特色社会主义道路，使中国大踏步赶上了时代。历史表明，在当代中国，只有中国共产党能够团结带领14亿多中国人民，弘扬中国精神，凝聚中国力量，建成社会主义现代化强国。

中国共产党能够弘扬中国精神。习近平总书记指出："实现中国梦必须弘扬中国精神。这就是以爱国主义为核心的民族精神，以改革创新为核心的时代精神。"中国精神是以爱国主义为核心的民族精神。爱国主义是中华民族精神的核心，是中华优秀传统文化的精神之核，是中华民族始终团结奋进的精神之源。中华民族几千年来创造的繁荣兴盛、经受的风险考验与爱国主义精神密切相关。中国共产党把为中国人民谋幸福、为中华民族谋复兴作为自己的初心和使命，提出了实现国家富强、民族振兴、人民幸福的中国梦，极大激发了中国人民的爱国热情，为建设社会主义现代化提供了强大精神力量。中国精神是以改革创新为核心的时代精神。改革开放是党在新的时代条件下带领全国人民进行的新的伟大革命，集中体现了以改革创新为核心的时代精神。我国40多年来的快速发展靠的是党推进改革开放，建设社会主义现代化国家也必须靠党坚定不移地弘扬以改革创新为核心的时代精神，自强不息、自我革新，逢山开路、遇水架桥，敢于啃硬骨头，敢于涉险滩，敢于向积存多年的顽瘴痼疾开刀，勇于突破利益固化的藩篱，将改革进行到底。

中国共产党能够凝聚中国力量。习近平总书记指出："实现中国梦必须凝聚中国力量。这就是中国各族人民大团结的力量。"中国力量是包括56个民族、14亿多人民在内的所有中华儿女的智慧和力量。毛泽东指出："我们现在要团结全国人民，要团结一切可以团结和应当团结的力量，为建设一个伟大的社会主义国家而奋斗。”新中国成立以来，中国共产党凝聚中国力量，深入推进社会主义建设，完成了中华民族有史以来最为广泛而深刻的社会变革，为当代中国一切发展进步奠定了根本政治前提和制度基础。改革开放以来，中国共产党凝聚中国力量，深入推进改革开放，推动我国经济实力、科技实力、国防实力、综合国力进入世界前列。党的十八大以来，中国共产党凝聚中国力量，迎难而上，开拓进取，取得了改革开放和社会主义现代化建设的历史性成就，中国特色社会主义进入新时代。以习近平同志为核心的党中央带领中国人民万众一心、众志成城，凝聚起令世人瞩目的中国力量，彰显了中华民族气吞山河的磅礴伟力，成为我们实现中华民族伟大复兴和社会主义现代化的动力源泉。

三

提高党领导全面建设社会主义现代化国家的能力和水平

中国式现代化是人口规模巨大的现代化，是世界上最大发展中国家的现代化，意味着要使比现在所有发达国家人口总和还要多的中国人民进入现代化行列，这是一个前所未有的壮举，也必将面对前所未有的困难和挑战。中国共产党作为社会主义现代化的领导力量，必须不断加强党的建设，提高党领导全面建设社会主义现代化国家的能力和水平，确保我国到2035年基本实现社会主义现代化，到本世纪中叶把我国建成富强民主文明和谐美丽的社会主义现代化强国。

（一）全面提升推进现代化建设的统筹水平

我们党历来注重提升推进工作的统筹水平。早在新中国成立前夕，毛泽东就强调要学会"弹钢琴"的工作方法："党委要抓紧中心工作，又要围绕中心工作而同时开展其他方面的工作。我们现在管的方面很多，各地、各军、各部门的工作，都要照顾到，不能只注意一部分问题而把别的丢掉。"新中国成立之后，毛泽东又在《论十大关系》中提出了关于社会主义建设和社会主义改造的十个问题，即"十大关系"，并指出："提出这十个问题，都是围绕着一个基本方针，就是要把国内外一切积极因素调动起来，为社会主义事业服务。”从“四个现代化”到“全面建设社会主义现代化国家”，社会主义现代化的内涵不断丰富，涉及的领域不断扩大，因此必须全面提升推进现代化建设的统筹水平，使现代化建设事业全面协调发展。

提升统筹水平，要做到两点论与重点论的统一。习近平总书记指出：“在任何工作中，我们既要讲两点论，又要讲重点论，没有主次，不加区别，眉毛胡子一把抓，是做不好工作的。”当前，我国社会各种利益关系十分复杂，要发展地而不是静止地、全面地而不是片面地、系统地而不是零散地、普遍联系地而不是单一孤立地观察事物，准确把握客观实际，真正掌握规律，妥善处理好社会主义现代化建设的各种重大关系。推进社会主义现代化建设，既要注重总体谋划，又要注重牵住“牛鼻子”。比如，在协调推进“四个全面”战略布局中，既对全面建设社会主义现代化作出全面部署，又在具体领域对具体问题进行具体部署；既对全面深化改革作出顶层设计，又强调突出抓好重要领域和关键环节的改革；既对全面依法治国作出系统部署，又强调以建设中国特色社会主义法治体系、建设社会主义法治国家为总目标和总抓手；既对全面从严治党提出系列要求，又把党风廉政建设作为突破口，着力解决人民群众反映强烈的“四风”问题，着力解决不敢腐、不能腐、不想腐的问题。

提升统筹水平，还要讲究“十个指头弹钢琴”的艺术。习近平总书记指出：“必须在把情况搞清楚的基础上，统筹兼顾、综合平衡，突出重点、带动全局，有的时候要抓大放小、以大兼小，有的时候又要以小带大、小中见大，形象地说，就是要十个指头弹钢琴。”社会主义现代化建设，要科学统筹党和国家事业全局，统筹国内国际两个大局，统筹发展和安全两件大事，把经济建设、政治建设、文化建设、社会建设、生态文明建设及其各个环节统筹好、协调好，通盘考虑各方面情况和进展，兼顾推进的速度、力度和进度，把握平衡、综合施策，促进现代化建设各个环节、各个方面协调发展。

（二）不断增强领导现代化建设的工作本领

70 多年前，中国共产党带领中国人民打败了日本侵略者，推翻了国民党的反动统治，建立了新中国，充分说明了党的战斗能力。40 多年前，中国共产党带领人民深入推进改革开放，创造了举世瞩目的经济成就，充分说明了党的执政能力。中国共产党能不能带领中国人民实现社会主义现代化，需要新时代共产党人继续作出回答。在中国特色社会主义新时代，完成全面建设社会主义现代化国家的伟大任务，必须依靠党的坚强领导，必须不断增强工作本领。

当前，我国已经稳居世界第二大经济体，综合国力和国际影响力大幅提升，社会主义现代化建设的前景十分光明。但与此同时，我国还存在发展不平衡不充分的问题。从社会生产力来看，我国既有世界先进甚至世界领先的生产力，也有大量传统的、相对落后甚至原始的生产力，而且不同地区、不同领域的生产力水平和布局很不均衡。从“五位一体”总体布局来看，经济社会发展取得重大成就，但各个领域仍然存在这样那样的短板，有些方面还面临不少突出问题。从城乡和区域发展来看，我国城市和乡村之间，东部地区、中部地区、西部地区之间，发展水平差距仍然较大。实现社会主义现代化，必须解决这些不平衡不充分的问题，不然我们的现代化建设将受到影响。从总体上看，与今天现代化建设要求相比，我们的本领有适应的一面，也有不适应的一面。

习近平总书记指出："很多同志有做好工作的真诚愿望，也有干劲，但缺乏新形势下做好工作的本领，面对新情况新问题，由于不懂规律、不懂门道、缺乏知识、缺乏本领，还是习惯于用老思路老套路来应对，蛮干盲干，结果是虽然做了工作，有时做得还很辛苦，但不是不对路子，就是事与愿违，甚至搞出一些南辕北辙的事情来。这就叫新办法不会用，老办法不管用，硬办法不敢用，软办法不顶用。我看这种状态，在党内相当一个范围、相当一个时期都是存在的。因此，全党同志特别是各级领导干部，都要有本领不够的危机感，都要努力增强本领，都要一刻不停地增强本领。"社会主义现代化建设事业越推进，我们面临的困难挑战就越多，广大党员干部的工作本领就越要不断提高。

（三）积极锻造适应现代化建设要求的干部队伍

"为政之要，莫先于用人。"我们党历来高度重视选贤任能，始终把选人用人作为关系党和国家事业的关键性、根本性问题来抓。早在抗日战争时期，毛泽东就指出："政治路线确定之后，干部就是决定的因素。因此，有计划地培养大批的新干部，就是我们的战斗任务。"正是由于我们党在各个时期都培养了大批信念坚定、德才兼备的好干部，我们党的革命事业和社会主义建设事业才能够行稳致远、蒸蒸日上。进入新时代，习近平总书记多次强调要建设高素质专业化干部队伍，指出办好中国的事情关键在党、关键在人："关键在党，就要确保党在发展中国特色社会主义历史进程中始终成为坚强领导核心。关键在人，就要建设一支宏大的高素质干部队伍。"

“盖有非常之功，必待非常之人。”社会主义现代化建设需要大批好干部。什么才算好干部？习近平总书记鲜明提出了新时代好干部标准，即“信念坚定、为民服务、勤政务实、敢于担当、清正廉洁”。广西百色市乐业县新化镇百坭村原第一书记黄文秀，就是一名新时代好干部。黄文秀2016年从北京师范大学研究生毕业后，放弃大城市的工作机会，毅然回家乡百色工作。在担任乐业县新化镇百坭村第一书记期间，她带领88户、418名贫困群众脱贫，全村贫困发生率下降20%以上，为脱贫攻坚事业倾情投入、奉献自我。2019年6月16日，她利用周末回田阳县看望病重手术不久的父亲后，因惦记百坭村的防汛抗洪，连夜开车返回工作岗位，途中遭遇山洪暴发不幸遇难，年仅30岁。习近平总书记对黄文秀同志先进事迹作出重要指示，指出：“黄文秀同志研究生毕业后，放弃大城市的工作机会，毅然回到家乡，在脱贫攻坚第一线倾情投入、奉献自我，用美好青春诠释了共产党人的初心使命，谱写了新时代的青春之歌。”黄文秀用短暂秀美的一生，把青春和生命献给脱贫事业，诠释了新时代好干部标准。

锻造适应现代化建设要求的干部队伍，要坚持正确选人用人导向。用一贤人则群贤毕至，见贤思齐就蔚然成风。习近平总书记在党的二十大报告中强调：“树立选人用人正确导向，选拔忠诚干净担当的高素质专业化干部，选优配强各级领导班子。坚持把政治标准放在首位，做深做实干部政治素质考察，突出把好政治关、廉洁关。”要严格执行《党政领导干部选拔任用工作条例》，匡正选人用人风气，突出政治标准，培养选拔深刻领悟“两个确立”的决定性意义，增强“四个意识”、坚定“四个自信”、做到“两个维护”，全面贯彻执行党的理论和路线方针政策、忠诚干净担当的干部。要培养选拔具有专业能力专业精神、适应新时代中国特色社会主义发展要求的干部。要培养选拔在基层扎实历练、在“吃劲”岗位和艰苦地区经受磨炼、业绩突出的干部，优化干部成长路径，拓宽选人视野，统筹干部资源，把党和人民需要的好干部精心培养起来、及时发现出来、合理使用起来。

后 记

在100多年的接续奋斗中，中国共产党领导人民创造了伟大历史，铸就了伟大精神，形成了宝贵经验，使中华民族迎来了从站起来、富起来到强起来的伟大飞跃，创造了令世界惊叹的“中国奇迹”。

中国共产党为什么“能”？国际社会充满了好奇。理论和实践都证明，中国共产党能带领中国人民取得巨大成功绝非偶然，而是因为中国共产党具有一系列优秀特质：远大的理想追求，科学理论的引领，选贤任能的机制，严明的纪律规矩，自我革命的精神，强大的领导能力。正是这些优秀的特质，决定了中国共产党经受住各种风浪的考验，始终走在时代前列，成为朝气蓬勃的马克思主义执政党！

中国特色社会主义最本质的特征是中国共产党领导，中国特色社会主义制度的最大优势是中国共产党领导。作为世界上长期执政的最大政党，中国共产党最有资格也最有底气向世人讲清楚党的过去、现在、未来，引导干部群众把党的历史学习好、总结好、传承好、发扬好。本书是从党的领导力的视角阐述“中国共产党为什么能”的一个成果。

本书是集体攻关、合作研究的成果。各章作者及所在单位分别是：第一章，颜晓峰，天津大学；马立党，中国人民解放军国防大学；赵坤，空军某基地；第二章，古琳晖，中国人民解放军国防大学；第三章，李徐步，延安大学西安创新学院；第四章，王芳，上海中医药大学；第五章，但浩，中国消防救援学院；第六章，吴晓宇、谢魁，中国人民解放军陆军军事交通学院；徐永利，佛山大学；第七章，刘江萍，中国消防救援学院；第八章，王燕群，中国消防救援学院；第九章，高志霞，武警士官学校；第十章，张亚，中国消防救援学院；第十一章，杨丽雯，天津大学；第十二章，赵坤、徐目坤，空军某基地。颜晓峰负责全书设计，李徐步负责全书统稿，吴晓宇负责协调联系。

本书不足之处，恳请各位读者批评指正。